サービスサイエンスの理論と実践

Services **S**ciences

木下栄蔵 編著

近代科学社

◆ 読者の皆さまへ ◆

　小社の出版物をご愛読くださいまして，まことに有り難うございます．

　おかげさまで，(株)近代科学社は1959年の創立以来，2009年をもって50周年を迎えることができました．これも，ひとえに皆さまの温かいご支援の賜物と存じ，衷心より御礼申し上げます．

　この機に小社では，全出版物に対してUD（ユニバーサル・デザイン）を基本コンセプトに掲げ，そのユーザビリティ性の追究を徹底してまいる所存でおります．

　本書を通じまして何かお気づきの事柄がございましたら，ぜひ以下の「お問合せ先」までご一報くださいますようお願いいたします．

　お問合せ先：reader@kindaikagaku.co.jp

　なお，本書の制作には，以下が各プロセスに関与いたしました：

・企画：小山　透
・編集：高山哲司
・印刷：藤原印刷
・製本：藤原印刷
・資材管理：藤原印刷
・カバー・表紙デザイン：川崎デザイン
・広報宣伝・営業：山口幸治，冨高琢磨

本書に記載されている会社名・製品名等は，一般に各社の登録商標または商標です．本文中の©, ®, ™ 等の表示は省略しています．

・本書の複製権・翻訳権・譲渡権は株式会社近代科学社が保有します．
・ JCOPY 〈(社)出版者著作権管理機構 委託出版物〉
本書の無断複写は著作権法上での例外を除き禁じられています．
複写される場合は，そのつど事前に(社)出版者著作権管理機構
（電話 03-3513-6969, FAX 03-3513-6979, e-mail: info@jcopy.or.jp）の
許諾を得てください．

まえがき

　21世紀に入りますます混迷を深める現代社会において，インターネットの進歩がもたらした「IT革命」「情報公開」が，ビジネスの世界だけでなく身の回りの生活にまで浸透しつつあり，まさに情報化の時代へと突き進んでいる．そのため，従来の考え方では時々刻々と変わりゆく時代の流れについていけず，国際化の波に乗り遅れることは必至である．今まさに「パラダイムシフト」が必要になってきている．それは，1990年からの「失われた20年」を総括し，それ以前のパラダイムから新しいパラダイムを創造することを意味している．そして，このときに必要な考え方が「サービスサイエンス」という概念である．

　ところで今，次のような疑問が日本中でささやかれている．「なぜ，日本は20年もデフレが続いているのか？」「なぜ，国債残高が1000兆円でも超低金利なのか？」．これに対する解は，「日本は今，恐慌経済である」ということができる．そしてその内容は，以下の4点に集約される．

(1) 経済には，「通常経済」と「恐慌経済」という2つの経済環境がある．
(2) 100年に一度のバブル崩壊のあとに，通常不況とは違う「恐慌経済」がくる．
(3) 2つの経済環境では，起こる現象も政府の取るべき政策も正反対になる．
(4) 「恐慌経済」で子孫のための公共投資をした国が次の経済リーダーになる．

　ただし，「恐慌経済」で公共投資をする目的は，経済環境を「通常経済」に戻すためだけではない．また，公共投資は次の経済成長戦略を見定めたものでなくてはならない（恐慌経済，通常経済の概念は序章を参照）．

　編著者である木下は，次の3つの経済成長戦略こそ「サービスサイエンス」だと認識している．すなわち，「情報ハイウェイ」「光ファイバー」「インターネット通信基盤」こそ，次の経済成長戦略のための公共投資である．

ところで，「サービスサイエンス」とはどのようなコンセプトなのか，すこし，この概念を説明しよう．

米国およびヨーロッパの大学では，サービスをサイエンスの対象としてとらえ，科学的手法を用いてサービスの持つ諸問題を解決し，生産性を高め，サービスにおけるイノベーションを実現して経済を活性化しようという新しい動向がある．ここに出現している学問領域（新しいコンセプト）は，"Services Sciences, Management and Engineering" 略して "Services Sciences"（サービスサイエンス）と呼ばれている．また，ここで言う「サービス」とは，第3次産業に分類されるサービス業のみならず，製造業におけるサービスビジネスも含め，提供者と利用者の間で双方向的に行われる経済価値の創造過程を指しているのである．

本書は，サービスサイエンスの理論，サービスサイエンスの事例，さらに，サービスの価値計測手法の3視点から「サービスサイエンス」を論じるものである．本書が，上記のパラダイムシフト達成に向けての一助となることを切に願っている．

ところで，本書の第12章「支配型AHPによる食サービスの感性評価」を御執筆くださった神田太樹先生が，本年7月14日にお亡くなりになった．謹んでお悔やみ申し上げるとともに，神田太樹先生の御研究の遺産を本書が継承できることを切に願っている．

最後に，本書の企画から出版に関わる実務にいたるまでお世話になった近代科学社社長の小山透氏と編集担当者の高山哲司氏に厚く感謝したい．

2011年8月7日
編著者　木下栄蔵

目　次

執筆者一覧 ... vii

第1章　序章——サービスサイエンスから見た「東日本大震災」の復興対策　1

第2章　パラダイムとしてのサービスサイエンス　11

2.1　サービスサイエンスと戦略 ... 11
2.2　サービスサイエンスとネットワーク社会 ... 21
2.3　サービスサイエンスの必要性 ... 23
2.4　サービスサイエンスのサイエンス的アプローチ ... 25
2.5　サービスサイエンスの課題とサービスの位置付け ... 26

第3章　サービスサイエンスの現状と課題　29

3.1　アンバンドリング ... 29
3.2　商品の歴史 ... 31
3.3　対人サービスの動向 ... 35
3.4　サービス概念の統合 ... 39

第4章　ORの視点から見たサービスサイエンス　43
　　　　～待ち時間の数理と心理～

4.1　はじめに ... 43
4.2　ヒトと設備が関わるサービス・システム ... 44
4.3　サービス・システムの定量的マネジメント ... 47
4.4　待ち時間の数理 ... 51

iv　目　次

　　4.5　待ち時間の心理 57
　　4.6　おわりに 60

第5章　経済産業省における取り組み　　63
　　　　　～サービス工学の確立と普及に向けて～

　　5.1　はじめに 63
　　5.2　背景 63
　　5.3　サービスの生産性向上運動の推進 65
　　5.4　おわりに 71

第6章　サービスサイエンスから見た　　75
　　　　　コールセンターの実践例

　　6.1　コールセンターのサービス品質や生産性を示すKPI 75
　　6.2　コールセンターの評価 75
　　6.3　コールセンターの数理モデル 81
　　6.4　コールセンターの評価 84
　　6.5　おわりに 88

第7章　サービスサイエンスから見たトヨタ方式　　91

　　7.1　はじめに 91
　　7.2　問題は何か──2015年 中国自動車バブルの制御可能性 91
　　7.3　縦統治 (vertical governance) と横連携 (horizontal linkage) 92
　　7.4　生産パラダイムのシフト──縦統治から横連携へ 95
　　7.5　サービス価値の測定──トヨタ方式を踏まえて 99
　　7.6　利益ポテンシャル (PP)──サービスサイエンスの測度 100

第8章　サービスサイエンスから見た医療サービスの現状と課題　105

- 8.1　医療技術の発達と病院が抱える諸問題 105
- 8.2　患者が病院に期待する医療サービス 107
- 8.3　患者満足度の評価要因 109
- 8.4　医療の質とその評価 112
- 8.5　病院経営と医療安全のバランス 114
- 8.6　病院情報システム導入による業務効率化と待ち時間短縮 114
- 8.7　医療サービスを担保する医療安全の実践 115
- 8.8　医療安全に必要な標準化とインフラ整備の必要性 117
- 8.9　おわりに 118

第9章　サービスサイエンスから見たサービス業の現状と課題　121

- 9.1　サービス業の生産性改革の歴史 121
- 9.2　サービス業の種類 123
- 9.3　サービス業の特徴と課題 123
- 9.4　サービス業界の誤解 127
- 9.5　付加価値を高めたサービス業の改革事例に学ぶ 128
- 9.6　サービスのIT化と人材移転 136

第10章　支配型AHPから一斉法　139

- 10.1　はじめに 139
- 10.2　支配型AHPと重み一斉法 139
- 10.3　評価値一斉法と総合評価値一斉法 143

第11章　超一対比較行列　151

- 11.1　はじめに 151

11.2　支配代替案法から超一対比較行列 152
11.3　超一対比較行列の計算例 159

第12章　支配型ＡＨＰによる食サービスの感性評価　167

12.1　はじめに 167
12.2　従来型 AHP と支配型 AHP 168
12.3　人間の食行動と AHP 173
12.4　AHP の食感性評価への適用 174
12.5　食産業における AHP を用いたサービスの生産性の向上 175
12.6　従来型 AHP と支配型 AHP による食感性評価 176
12.7　食感性評価結果 178
12.8　AHP による感性評価の課題 179
12.9　おわりに 180

第13章　支配型 AHP による行政サービスの定量的評価　181

13.1　はじめに 181
13.2　行政サービスの定量的評価が求められる背景 181
13.3　行政サービスの定量的評価 183
13.4　行政サービスの定量的評価の応用——公共再編のフレームワーク　187
13.5　おわりに 192

参考文献 194
索引 201

執筆者一覧（右は担当章）

木下栄蔵
名城大学 都市情報学部 — 第1章, 第2章

日置 弘一郎
京都大学大学院 経済学研究科 — 第3章

高木英明
筑波大学大学院 システム情報工学研究科 — 第4章

大隈隆史
産業技術総合研究所サービス工学研究センター
（元 経済産業省 商務情報政策局サービス政策課） — 第5章

菱沼千明
東京工科大学 コンピュータサイエンス学部 — 第6章

河田 信
名城大学 経営学部 — 第7章

酒井順哉
名城大学 都市情報学部 — 第8章

雑賀憲彦
名城大学 都市情報学部 — 第9章

杉浦 伸
名城大学 都市情報学部 — 第10章

大屋隆生
国士舘大学 理工学部 — 第11章

神田太樹
元 西武文理大学 サービス経営学部 — 第12章

佐藤祐司
三重中京大学大学院 政策科学研究科 — 第13章

第1章

序章——サービスサイエンスから見た「東日本大震災」の復興対策

　この序章において，本書の内容と各章の関係を紹介する前に，まずは2011年3月11日（金）に発生した「東日本大震災」の被災者の方々に謹んでお見舞い申し上げます．さらに，亡くなられた方々に謹んでお悔やみ申し上げます．

　この震災は，まさに1000年に一度の大震災だった．その被害は未曾有のもので，地震，津波，原発事故の三重苦により，復興には10～30兆円の資金が必要になると思われる．その際にネックになるのが日本国の財政の問題である．このことに関して木下は，震災発生以前から以下のような提言をしてきた．

　まず，木下は，日本における平成大不況（失われた20年）と現在進行中の米国サブプライムローン問題に端を発した世界同時株安の内容を分析した結果，マクロ経済学には大きく分けて，「通常経済」と「恐慌経済」の2つの局面があることに気が付いた．「通常経済」の局面では，民間企業は良好な財政基盤を前提に設備投資を行い，その結果マックス・ウェーバーのいう利潤の最大化に向かって邁進する．そのような中で，アダム・スミスのいう「神の見えざる手」は，経済が拡大する方向へと社会を導く．ところが何十年に1回，民間の夢と欲望が複雑に重なり合い，バブル経済が発生して崩壊すると，経済は「恐慌経済」の局面に入る．この局面下では，バブル期に借金で購入した資産の価値が大幅に下がり，負債だけが残った企業にとって，投資効率は市場利子率より悪くなる．その結果，設備投資を行わなくなり，マックス・ウェーバーのいう利潤の最大化から債務の最小化に向かう．つまり，「恐慌経済」下では企業の経営目標は利潤の最大化を離れ，債務の最小化に移り，経済が小さく縮小する方向へと突き進む．

この2つの経済学（木下提案）における経済法則とOR（オペレーションズリサーチ）的分析等は参考文献[1-3]を参照していただきたい．これらの内容をふまえたうえで，大震災前の2011年3月上旬はリーマンショックの傷跡がまだ深く残り，また世界は同時恐慌経済に入ったままの状態であったことを思い起こす必要がある．したがって，政府は「赤字国債を発行して財政出動すべき」なのである．よく，国の借金はよくないという主張が全マスコミを通じて報道されているが，正しくは以下に示すとおりである．

「通常経済では，赤字国債は発行すべきではない」．なぜなら，経済主体（個人と企業）は借金して消費や投資を行っている．したがって，これ以上政府は借金すべきではない．

一方，「恐慌経済では赤字国債は発行すべき」なのである．なぜなら，経済主体（個人と企業）は，借金返済をして消費や投資をしなくなっている．したがって，代わりに政府が借金をして消費しなければならない（政府は最後の消費者）．しかも日本は，自国通貨建ての国債で，ほとんど自国民が買っている．つまり，日本人の預貯金を管理している日本の金融機関は，最も安全な日本国債（利回りが最低で国債の価格が最高）で運用しているのである．したがって，国の借金は個人の金融資産にほかならない．800兆円もの国の借金があるということは，言葉を換えれば800兆円もの個人の金融資産（日本国債で運用）があるということである．また，最も安全な日本国債で運用したおかげで，サブプライムローン関連の危険な運用は行わなかった．

この時点でのデフレギャップは約30兆円．「東日本大震災」はこのようなときに発生した．したがって，このデフレギャップの30兆円で東日本大震災の復興をすぐに着手すべきなのである．

以下は提言のまとめである[4]．

恐慌経済下における震災復興（社会共通資本の整備）の緊急性
(1) 恐慌経済下において震災復興（社会共通資本の整備）政策は正しい政策である．
(2) 恐慌経済下の状況は，震災復興（社会共通資本の整備）を行う歴史的な機会である．その理由として，国債の利回りが最低値になり，国債の価

格が最高値になっていることが挙げられる．これは，国債の需要が供給をはるかに上回っていることを意味している．このことは，国債市場が恐慌経済下において震災で不足している社会共通資本を建設する歴史的な機会であることを政策担当者に訴えていることにほかならない．
(3) 恐慌経済下では，震災で不足している社会共通資本を建設することは，正しい政策であるだけでなく，将来の納税者の負担を軽くすることにもなる．

「したがって，震災税ではなく，復興国債（建設国債すなわち赤字国債でも意味は同じ）を発行してすぐに復興の手順を作成すべきである」．

このようなとき，東日本大震災からの復興ビジョンを提言する政府の復興構想会議（議長：五百旗頭真氏）の初会合で，復興財源を確保するための「震災復興税」の創設が提唱された（2011年4月中旬）．まず「増税ありき」の財源議論には，大きな疑問を投げかけなければならない．

3.11に起きた大震災の被害額は，インフラや建造物など直接的な社会共通インフラで，20～30兆円に上る．東北地方を支えてきた農業や漁業などの産業基盤も大きく毀損した．復興会議は，議論の基本方針に，「全国民的な支援と負担が不可欠」と盛り込んでいる．"国難"を乗り切るためには，国民の力を結集するのは当然である．

しかし，「復興税」には，やはり問題が多い．「全国民的な支援と負担」の意味をもっと考える必要がある．そのためには，「通常経済」と「恐慌経済」におけるお金の流れを知らなければならない．

(1) 通常経済（成長経済）の場合

図 1.1 を参照していただきたい．放っておいてもお金がクルクル回って経済が順調に成長しているときは図 1.1 のようになる．つまり，経済成長とは「どれだけお金が回ったか」あるいは「GDP がどれだけ積み上がったか」また，「お金が支出に回ったか」を見て判断すればよいのである．したがって，借金も含めて支出が経済成長だと思って図 1.1 を見ていただきたい．

このときの企業の行動原理は，「利潤最大化を求めて経済活動を行う」であり，消費者の行動原理は，「効用の最大化を求めて消費行動を行う」である．した

4　第 1 章　序章——サービスサイエンスから見た「東日本大震災」の復興対策

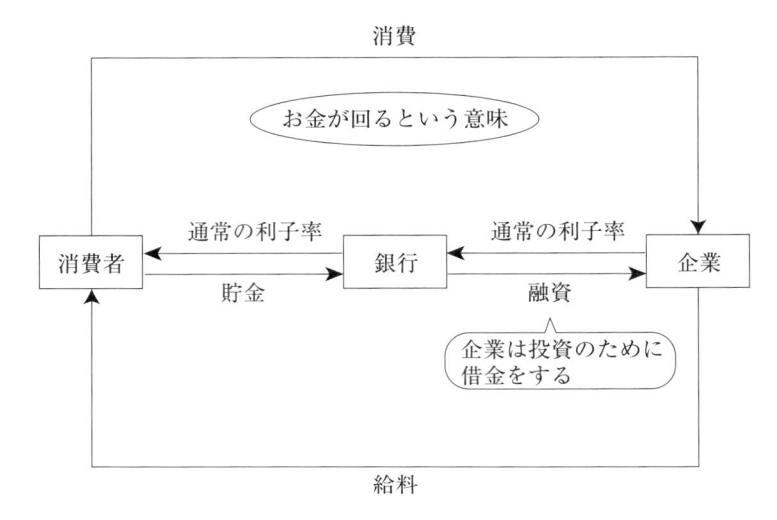

```
                            消費
        ┌─────────────────────────────────────┐
        │                                     │
        │       ( お金が回るという意味 )        │
        │                                     │
        │  通常の利子率        通常の利子率    │
    [消費者] ←──────── [銀行] ←──────── [企業]
        │      貯金            融資           │
        │                                     │
        │                  ( 企業は投資のために │
        │                    借金をする )      │
        │                                     │
        └─────────────────────────────────────┘
                            給料
```

図 1.1　通常経済（インフレ経済）の場合（木下理論その 1）

がって，企業はどんどん借金をして設備投資や経営規模拡大のために投資をする．その儲けの一部が消費者の所得として回り，消費者は消費行動に励む．また，銀行は企業が投資したがる（借りたがる）ので，消費者の預金を運用することができる．

　このような，通常経済下において政府が財政出動するとどうなるか？　この場合，投資を増やしたいのにお金が借りにくくなる企業が出てくる．このことを，経済学用語で「クラウディングアウト」という．このときは，政府は介入せず，市場に任せるべきである．つまり「財政出動」は誤りといえる．したがって，このようなときの「大震災の復興」の財源は「復興税」が正しい．

(2) 恐慌経済（デフレ経済）の場合
　図 **1.2** を参照していただきたい．現在，デフレ経済が問題になっているが，このとき企業の行動原理は「債務の最小化を求めて行動する」であり，消費者の行動原理は「将来に備え貯蓄に励む」である．すなわち，バブル崩壊で資産価値が暴落した結果，多くの企業が債務超過状態に陥った．企業は投資をやめて借金返済に走り，消費者は将来に備え貯蓄に励む．その結果，世の中をクルク

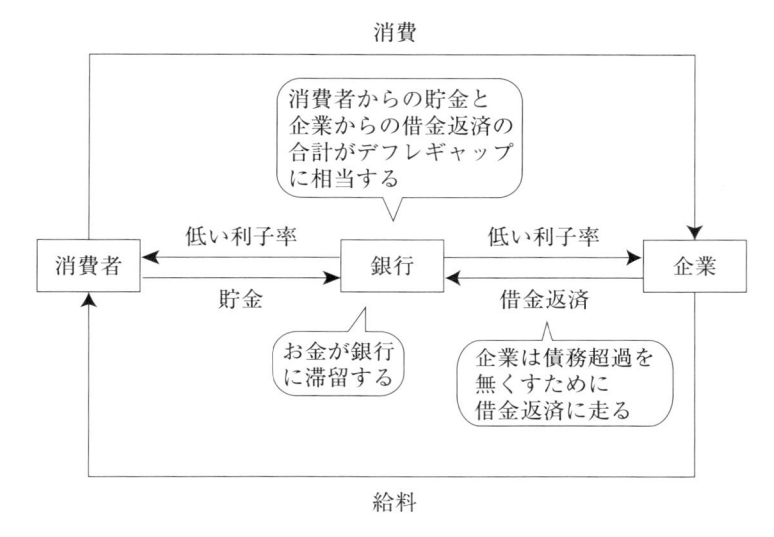

```
                            消費
        ┌──────────────────────────────────────┐
        │         ┌─────────────────┐          │
        │         │消費者からの貯金と│          │
        │         │企業からの借金返済の│        │
        │         │合計がデフレギャップ│        │
        │         │に相当する       │          │
        │         └─────────────────┘          │
        │   低い利子率        低い利子率        │
    ┌───────┐ ←──────  ┌─────┐  ──────→ ┌─────┐
    │消費者 │          │銀行 │          │企業 │
    └───────┘ ──────→  └─────┘  ←────── └─────┘
        │      貯金    ↑   ↑   借金返済      │
        │         ┌────┘   └────┐            │
        │    ┌──────────┐  ┌──────────────┐  │
        │    │お金が銀行│  │企業は債務超過を│  │
        │    │に滞留する│  │無くすために  │  │
        │    └──────────┘  │借金返済に走る│  │
        │                  └──────────────┘  │
        │                                    │
        └────────────────────────────────────┘
                            給料
```

図 1.2 恐慌経済（デフレ経済）の場合（木下理論その 2）

ル回るお金の量が減ってしまったのである．図 **1.2** を見ればわかるとおり，お金が銀行に滞留して動けなくなった状態である．

　つまり，デフレギャップとは，需要と供給のバランスが崩れて需要が落ち込んでいるときの需要と供給の差であるが，これが消費者と企業から銀行に流れ込んだ金額に相当する（図 **1.2** 参照）．今この金額は，30 兆円ともいわれる．つまり，デフレ経済下では貯蓄が投資に回らないのである．そして，「継続的に物価が下がり，企業の収益は減少し，消費者の所得も減少し」を繰り返し，わずかな需要を奪い合うようになる．このようなとき，東日本大震災が発生した．

　それでは，この復興対策費はどのように捻出すればよいのか？　その答えは，前述したように「復興国債，すなわち建設国債（赤字国債）」を発行すればよいのである．ではなぜ，恐慌経済（デフレ経済）では，赤字国債が発行できるのか？　図 **1.3**（赤字国債発行のメカニズム）をご覧いただきたい．この図で，銀行に滞留している金額分，すなわち，デフレギャップ分（消費者からの預金額と企業からの借金返済額の合計がデフレギャップに相当）を国債発行で財政出動すればよいことがわかる．こういうときの財政出動は，恐慌経済下にあるお金の流れを元の状態に戻す呼び水のような役割を果たす．また，この国債の額

6　第1章　序章——サービスサイエンスから見た「東日本大震災」の復興対策

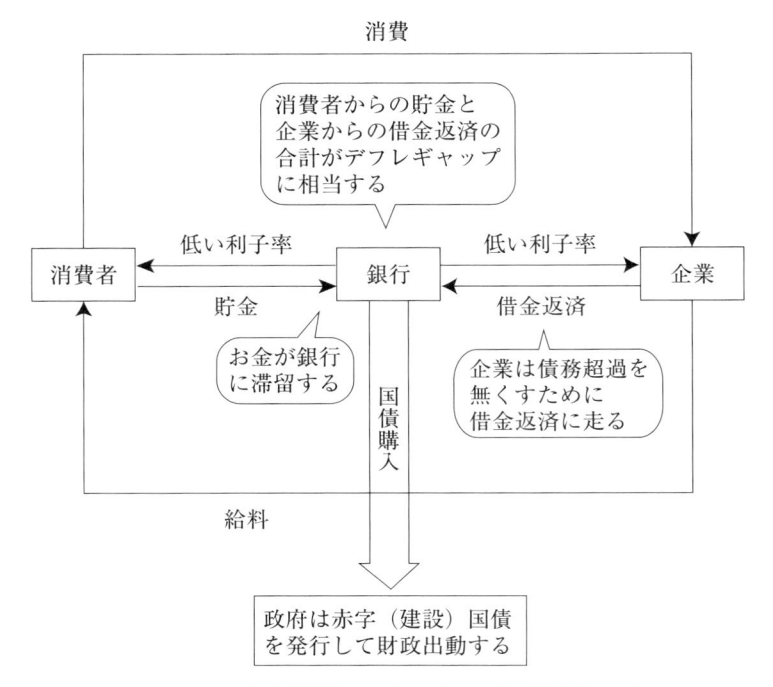

```
                          消費
    ┌──────────────────────────────────────────────┐
    │         ┌──────────────┐                      │
    │         │消費者からの貯金と│                    │
    │         │企業からの借金返済の│                  │
    │         │合計がデフレギャップ│                  │
    │         │に相当する      │                    │
    │         └──────────────┘                      │
    │    低い利子率         低い利子率               │
   ┌───┐ ←──────── ┌───┐ ←──────── ┌───┐
   │消費者│            │銀行│            │企業│
   └───┘            └───┘            └───┘
     ↑     貯金  →         借金返済  →
     │       ┌──────┐      ┌──────────┐
     │       │お金が銀行│    │企業は債務超過を│
     │       │に滞留する│    │無くすために    │
     │       └──────┘      │借金返済に走る  │
     │          │国          └──────────┘
     │          │債
     │          │購
     │          │入
     │          ↓
     │     ┌──────────┐
     │     │政府は赤字（建設）国債│
     │     │を発行して財政出動する│
     │     └──────────┘
     │       給料
     └──────────────────────────────────────────────┘
```

図 1.3　赤字国債発行のメカニズム（木下理論その3）

はデフレギャップ分以上発行する必要もなく，それこそ，マスコミと財務省が心配する財政悪化につながることはない．ところで，今，重要なことはこのデフレギャップ分30兆円弱と「東日本大震災の復興対策費30兆円弱」がほぼ等しいことである．このことにより以下の結論が得られる．

「今，すぐに復興債（赤字国債）30兆円弱の財政出動で東日本大震災の復興対策に取り掛かることは，被災者の支援になるだけでなく，デフレ経済に苦しむ日本経済を救うことにもなる」．

この結論を導くには，マクロ経済における「通常経済」と「恐慌経済」という2つの経済の存在（木下提案）を理解していただく必要がある．**図 1.4**を参照していただきたい．時間の進む方向にまず「経済が成長する時期」がある．この時期は基本的に「インフレ」で，主役は市場の役割である．すなわち，企業

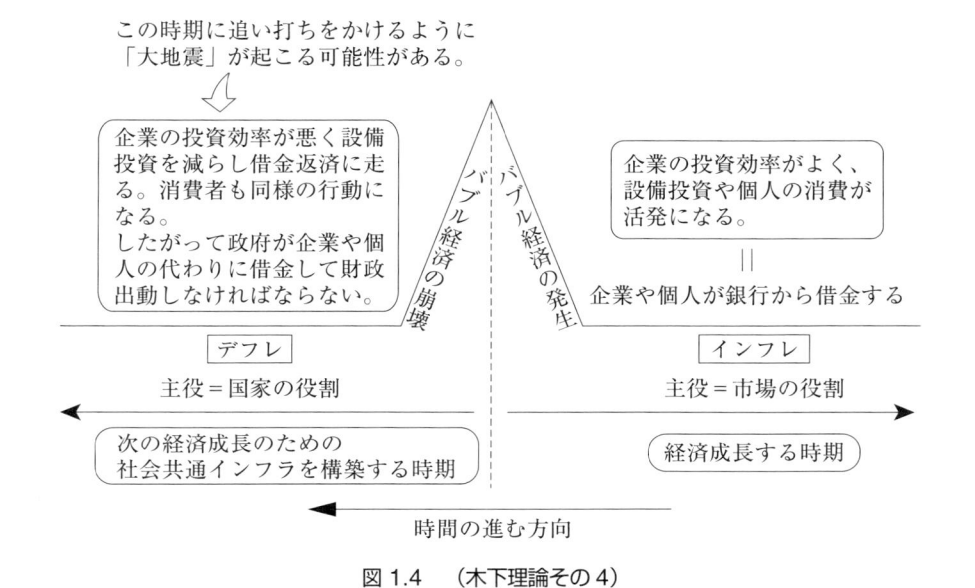

```
   この時期に追い打ちをかけるように
   「大地震」が起こる可能性がある。
          ↓
┌──────────────────┐         ┌──────────────────┐
│企業の投資効率が悪く設備│   バ バ    │企業の投資効率がよく、│
│投資を減らし借金返済に走│   ブ ブ    │設備投資や個人の消費が│
│る。消費者も同様の行動に│   ル ル    │活発になる。     │
│なる。         │   経 経    │     ‖     │
│したがって政府が企業や個│   済 済    │企業や個人が銀行から借金する│
│人の代わりに借金して財政│   の の    └──────────────────┘
│出動しなければならない。│   崩 発
└──────────────────┘   壊 生
        ┌ デフレ ┐              ┌ インフレ ┐
←────── 主役＝国家の役割 ──────────── 主役＝市場の役割 ──────→
   ┌次の経済成長のための    ┐     ┌ 経済成長する時期 ┐
   │社会共通インフラを構築する時期│
            ←── 時間の進む方向
```

図 1.4　（木下理論その 4）

や個人が銀行から借金をして設備投資や消費が活発になる．ここでバブルが発生し，崩壊すると，経済は「恐慌経済」になる．

　この時期は基本的に「デフレ」で，主役は国家である．すなわち，企業や個人は投資や消費を減らし借金返済に走る．したがって，政府が企業や個人の代わりに借金して財政出動しなければならない．つまり，次の経済成長のための社会共通インフラを構築する時期であり，次の経済を支えるパラダイムを構築しなければならない．

　かつての米国で行われたニューディール政策では，道路や橋や空港が次の経済パラダイムを支える社会共通インフラであった．しかし，今回は，道路や橋や空港（震災復興の社会インフラも含めて）だけでなく，「サービスサイエンス」をベースにした経済成長パラダイムの基盤（情報ハイウェイ，光ファイバー，インターネット通信基盤）が必要だと考えられる．

　この「サービスサイエンス」とは，新しく出現した「ネットワーク社会」を基礎にしたあらゆる産業分野のサービス科学化であり，第 1 次産業（農業・漁業），第 2 次産業（製造業），第 3 次産業（サービス業），第 4 次産業（知的情

報産業）の財をサービス財と考える新しい「パラダイム」である．したがって，今，政府が一番にやるべき行動は，東日本大震災の復興のための社会インフラの整備だけでなく，次の経済成長パラダイムである「サービスサイエンス」のための社会インフラ整備なのである．このことを念頭に本書『サービスサイエンスの理論と実践』をお読みいただければ有り難い．

本書の構成は，大きく3つに分かれている．1つ目は，サービスサイエンスの理論分野，2つ目は，サービスサイエンスの実践の事例紹介，3つ目は，サービスの価値計測手法の紹介である．以下，順を追って紹介しよう．

(1) サービスサイエンスの理論分野

第2章：「パラダイムとしてのサービスサイエンス」と題して，サービスサイエンスと戦略，サービスサイエンスとネットワーク社会，さらに，サービスサイエンスの必要性，課題，位置付けを科学からの視点で捉えている．

第3章：「サービスサイエンスの現状と課題」と題して，アンバンドリングの概念，商品の歴史，対人サービスの動向，サービス概念の統合，という視点からサービスサイエンスを捉えている．

第4章：「ORの視点から見たサービスサイエンス～待ち時間の数理と心理～」と題して，ヒトと設備が関わるサービスシステム，サービスシステムの定量的マネジメント，待ち時間の数理，待ち時間の心理，という視点からサービスサイエンスを論じている．

以上，サービスサイエンスの理論的側面から「パラダイム」「定性的アプローチ」「定量的アプローチ」について論じている．これらのコンセプトが，まだ発展途上の学問であるサービスサイエンスの概念の「さきがけ」となれば編著者として幸せである．

次に，サービスサイエンスの実践の事例紹介として，本書では，以下の5事例を取り上げている．順を追って紹介しよう．

（2）サービスサイエンスの事例紹介

第5章：サービスサイエンスに関連し，国のサービス産業振興政策の一環として経済産業省においてこれまで取り組まれてきたサービス産業横断政策の中から，特に科学的，工学的な手法に関連する取り組みについて論じている．

第6章：サービスサイエンスから見たコールセンターの実践例として，評価指標として活用されているKPIの役割と意義について述べるとともに，それらを組み入れた数理モデルの例と課題を論じている．

第7章：トヨタの生産方式の原理が，製造業とサービス業とを同一組上において捉え，21世紀に求められる，ネットワーク社会に支えられたサービスサイエンス社会の先鞭をつけるものと位置付けて論じている．

第8章：「サービスサイエンスから見た医療サービスの現状と課題」と題して，患者が期待する医療サービス，医療の質とその評価，医療サービスを担保する医療安全の実践とインフラ整備の必要性の各視点からサービスサイエンスを論じている．

第9章：「サービスサイエンスから見たサービス業の現状と課題」と題して，サービス業の種類とその特徴および課題，サービス業界の誤解，付加価値を高めたサービス業の改革事例の各視点からサービスサイエンスを論じている．

次に，サービスの価値計測手法としての支配型AHP，一斉法，超一対比較行列の紹介とその応用例を，本書では4つの章に渡って取り上げている．特に，従来型の財の価値計測手法としての効用関数に代わって，サービス財の価値計測手法としての，支配型AHP等の有用性について論じている．以下順を追って紹介しよう．

(3) サービスの価値計測手法

第10章：AHPの発展モデルである支配型AHP（木下・中西提案），重み一斉法（木下・中西提案），評価値一斉法（杉浦・木下提案），さらに総合評価値一斉法（杉浦・中西提案）について論じている．

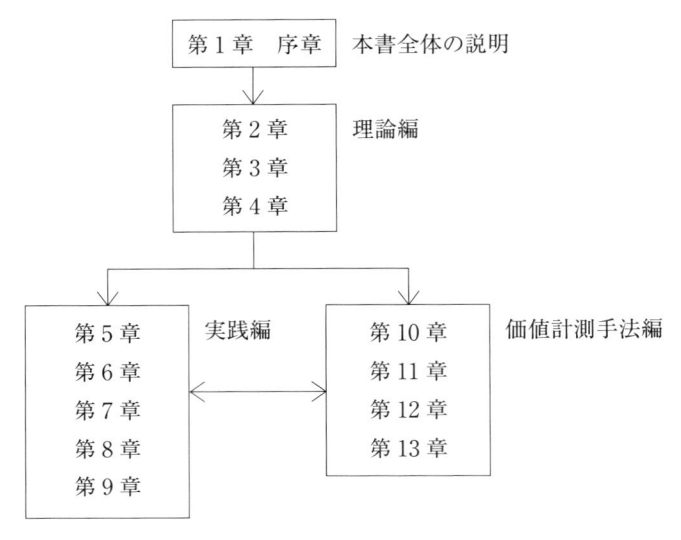

```
┌─────────────┐
│  第1章 序章  │ 本書全体の説明
└──────┬──────┘
       │
┌──────┴──────┐
│   第2章     │
│   第3章     │ 理論編
│   第4章     │
└──┬───────┬──┘
   │       │
┌──┴───┐ ┌─┴────┐
│第5章 │ │第10章│
│第6章 │ │第11章│
│第7章 │←→│第12章│ 価値計測手法編
│第8章 │ │第13章│
│第9章 │ │      │
└──────┘ └──────┘
 実践編
```

図 1.5　本書『サービスサイエンスの理論と実践』構成図

第 11 章：支配型 AHP の発展モデルである超一対比較行列（大屋・木下提案）の理論と応用例について，支配型 AHP の原点である支配代替案法の考え方をもとに論じている．

第 12 章：「支配型 AHP による食サービスの感性評価」と題して，人間の食行動と支配型 AHP，支配型 AHP の食感性評価への適用，食産業における支配型 AHP を用いたサービスの生産性向上などの各視点からサービスサイエンスを論じている．

第 13 章：「支配型 AHP による行政サービスの定量的評価」と題して，行政サービスの定量的評価が求められる背景，行政サービスの定量的評価，公共再編のフレームワークの各視点からサービスサイエンスを論じている．

　以上，第 1 章から第 13 章までの構成は，図 **1.5** に示すとおりである．

第2章
パラダイムとしてのサービスサイエンス

2.1 サービスサイエンスと戦略

　我々が戦略を練る場合，まず対象とする問題を記述しなければならない．すなわち現況分析なのであるが，現在どのようなコンフリクトやジレンマがあり問題点はどこにあるのか等々を記述できなければならない．このような場合に有効なのがゲーム理論であり，問題記述型現況分析モデルともいえる．このモデルによりコンフリクト・ジレンマを詳細に記述することができ，これらのパターン化もできる．

　次に，我々が戦略を練る場合，対象とする問題を解決しなければならない．すなわち，コンフリクト・ジレンマ解消への戦略が必要になる．この戦略にはコンフリクト・ジレンマ解消の社会的意義（必要性），すなわち社会的合意形成（集団意思決定）が不可欠になる．すなわち，互いに利害を異にする複数の立場の人々を1つの戦略（方略）に調整しなければならない．このようなときに有効なのがAHPであり，問題解決型合意形成モデルといえる．このモデルによりコンフリクト・ジレンマを解消することができ，それらのシナリオ化もできる．

　ところでゲーム理論とAHPは共に人間の行動原理に基づいて作られた考え方であるが，人間の行動原理は次の2つのパターンがあると思われる．1つは『自己の損失を最小にする』という行動（思考）パターンであり，もう1つは『対象とする複数の問題はどちらが重要か』という行動（思考）パターンである．前者の考え方に基づいて作られたモデルがゲーム理論であり，後者の考え方に基づいて作られたモデルがAHPである．

　以上の結果，ゲーム理論とAHPは互いに補完しあっていることがわかる（図**2.1**参照）．

12　第2章　パラダイムとしてのサービスサイエンス

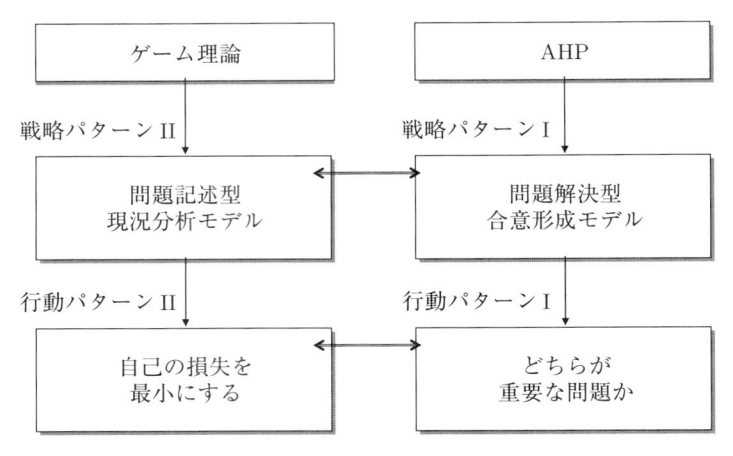

図2.1　ゲーム理論とAHP

　これら2つの考え方（ゲーム理論とAHPの考え方）に基づき現在の日本経済の実態を記述し，（損失最小という行動原理に従って）解決策（どちらの問題が重要かという行動原理に従って）を提示したのが次に説明する日本経済の例である．

　一方，この考え方はサービスサイエンス社会（現在の日本はサービスサイエンス社会になりつつある）における決め方にも適用できる．ところで，著者はサービスサイエンス社会における合意形成パターンは**図2.2**に示した2つの方略であると主張してきた．

　1つは完全情報化への方略であり，誤解・意思疎通欠如・意識共有欠如の解消を主眼とした合意形成（パターンI）である．もう1つはコンフリクト・ジレンマ解消への方略であり，わがまま・利己心・自己の損失最小の解消を主眼とした合意形成（パターンII）である．

　ここで重要なのは後者の合意形成（パターンII）であり，ゲーム理論とAHPの考え方がサービスサイエンス社会における決め方にも大きく影響していることがわかる．

　ところで，かつて小泉内閣の下，骨太の方針「聖域なき構造改革」が行われようとした．著者はこの改革には全面的に賛成であり，将来の日本の「あり方」を見定めて戦略的に新しい日本を作り上げていくべきことであると常日頃から

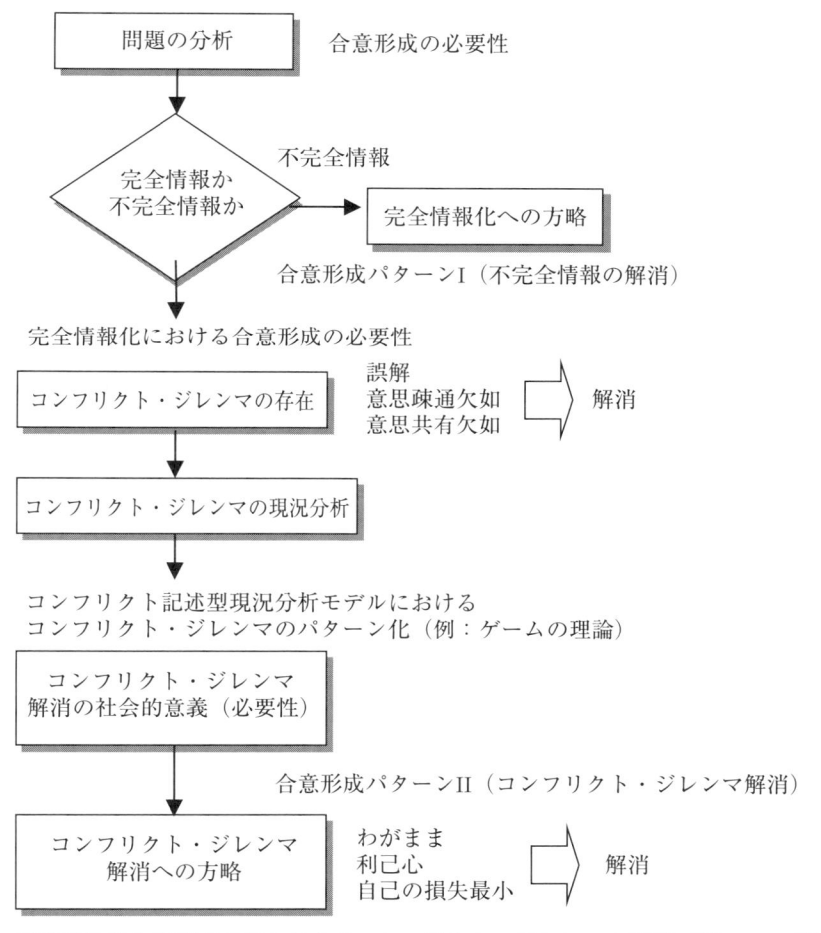

```
┌──────────────┐
│  問題の分析   │  合意形成の必要性
└──────┬───────┘
       ↓
    ◇完全情報か◇ ──不完全情報──→ ┌──────────────────┐
    ◇不完全情報か◇                │ 完全情報化への方略 │
       │                          └──────────────────┘
       │              合意形成パターンI（不完全情報の解消）
       ↓
完全情報化における合意形成の必要性

┌──────────────────────┐   誤解
│ コンフリクト・ジレンマの存在 │   意思疎通欠如  ⇒ 解消
└──────────┬───────────┘   意思共有欠如
           ↓
┌──────────────────────────┐
│ コンフリクト・ジレンマの現況分析 │
└──────────┬───────────────┘
           ↓
コンフリクト記述型現況分析モデルにおける
コンフリクト・ジレンマのパターン化（例：ゲームの理論）

┌──────────────┐
│ コンフリクト・ │
│ ジレンマ     │
│ 解消の社会的  │
│ 意義（必要性）│
└──────┬───────┘
       ↓
       合意形成パターンII（コンフリクト・ジレンマ解消）

┌──────────────┐   わがまま
│ コンフリクト・ │   利己心    ⇒ 解消
│ ジレンマ     │   自己の損失最小
│ 解消への方略  │
└──────────────┘
```

問題解決型合意形成モデルによるコンフリクト・ジレンマの解消（例：AHP等）

図 2.2　サービスサイエンス社会における 2 つの合意形成パターン

主張している．特に規制緩和・不良債権処理・財政再建は重要であり，全面的に賛意を表明している．

しかし，これらの「聖域なき構造改革」（将来の日本の姿を戦略的に描くことの必要性）の前に日本経済の戦後処理（バブル崩壊後の後遺症への治療）を済ませておかなくてはならない．バブル崩壊後の後遺症を治療せずして性急な「聖

域なき構造改革」を断行した場合，これから先，日本発の世界大恐慌に陥る可能性が大きいと考えられるからである．

そうならないためには，まず今の日本経済の閉塞感がどこからきたのかを明確にしておく必要がある．

1989年12月29日，日本の株価（日経ダウ平均）は約3万9000円に達し，バブルの頂点を極めた．その後バブルは崩壊し，2003年に入り日経ダウ平均は7000円台まで値を崩した．その結果，銀行をはじめとする不良債権の額は増える一方となった．すなわちバランスシート不況（デフレ不況）の傷跡は深く，マクロ経済的には金融不況（不動産不況）が続き，設備投資・個人消費・GDPが伸びないという結果になった．また，ミクロ経済的には残業時間が減ることにより可処分所得が減り，管理職ポスト，さらに雇用全体の削減へと進展している．リストラという言葉は日常茶飯事に使われるまでになった．このことは，従来までの終身雇用制度・年功序列制度に支えられてきた会社本位主義を読みかえる時期が来ていることを示している．すなわち，よき会社人であることよりも，よき社会人であることを問われ，量的発想から質的発想に転換し，生活大国（消費者主体）へと目を向けるべきことを示唆している．

以上の議論から我々は大きな教訓を学んだ．1つは第2次世界大戦以降右肩上がりの直線（経済のパイは拡大し株や土地は上昇し続ける．特に土地神話は信仰に近いものがあった）を信じたことである．著者はこれを回帰分析症候群（Regression Syndrome）と呼んでいる．もう1つはマネーゲームに狂することのむなしさである．このような資金は広い意味での社会資本整備（ITすなわち情報技術関連も含めて）に投資すべきであったと思われる．

いずれにしても，このバブル崩壊による失われた20年の間に地価の下落は激しく（商業地の資産価格が83%も下がった），株の下落とともにスパイラル状に資産価値を減らした．その結果，近代史が4回しか経験（オランダ，イギリス，アメリカ，今回の日本）したことのない「バランスシート不況」に陥った．

このことにより多くの企業が債務過剰，場合によっては債務超過になった．つまり多くの企業が多くの債務（借金）をかかえるようになり，その債務（借金）を減らすように行動したのである．

したがって日本の多くの企業の行動パターンがバブル期（行動パターンⅠ）とバブル崩壊期（行動パターンⅡ）では以下のように大きく変化したのである．

行動パターンI
各企業は自社の利益（利潤）を最大にするように行動する．

行動パターンII
各企業は自社の債務（借金）を最小にするように行動する．

　以上示した行動パターンの変化は大変重要なことである．なぜなら，マックスウェーバーも指摘しているように，企業の「行動パターンI」こそ資本主義の精神そのものだからである．

　しかし同時に，企業の「行動パターンII」も「損失を最小にする」という，人間の行動パターンとしては実に合理的な行動様式なのである．企業の「行動パターンI」が如実に現れたバブルのピーク時（1989年〜1990年にかけ），米国の企業の設備投資の総額を日本の企業の設備投資の総額がかなり上回った．国内総生産（GDP）が米国の約1/2であった日本にとって，この設備投資額は大変な数字であるといえる．

　一方，バブル崩壊後の日本の企業においては「行動パターンII」が如実に現れたのである．その結果，企業は収益（利益）を設備投資に回さずに借金返済に回したのである．

　実は「失われた20年」の間，多くの企業の設備投資の額が急激に減っていることでこれらの行動パターンの変化（「行動パターンI」から「行動パターンII」への企業の行動戦略の変更）が読みとれるのである．

　このことは，今の日本の経済状況を説明するのに非常に重要な要素であることを確認したい（理由は後で詳しく説明する）．

　ところで，企業だけでなく各個人もバブル崩壊後，株式の含み損や住宅ローンの債務で借金をかかえるようになり，その債務（借金）を減らすように行動したのである．

　したがって，日本の多くの国民の行動パターンがバブル期（行動パターンI）とバブル崩壊期（行動パターンII）では以下のように大きく変化したのである．

行動パターンI
各個人（消費者）は自らの効用（utility）を最大にするように消費行動をする．

行動パターンⅡ

各個人（消費者）は自らの債務（借金）を最小にするように行動するか，バランスシート不況を肌で感じとり（社会不安という心理はこのことをいっている），消費を手控える．

以上示した行動パターンの変化は大変重要なことなのである．なぜなら前述したとおり，消費者の「行動パターンⅠ」こそ資本主義の精神そのものだからである．

しかし，消費者の「行動パターンⅡ」も「損失を最小にする」という，人間の行動パターンとしては実に合理的な行動様式であることは，これも前述のとおりである．

実は「失われた20年」の間，消費者の消費額が増えてはいないことで，これらの行動パターンの変化（「行動パターンⅠ」から「行動パターンⅡ」への消費者の行動戦略の変更）が読みとれる．なぜなら，個人の金融資産の総額が現在1400兆円もあるのに消費額が増えていないのは明らかに消費者の行動パターン（消費行動）に変化があったと考えられるからである．

以上の結果，企業と消費者の行動パターンがこの20年の間に変化したことがわかる．すなわち，企業と消費者がともに「賢明な学習の結果」，それぞれ「行動パターンⅠ」から「行動パターンⅡ」に行動戦略を変化させたのである．このことにより，以下に示す2つのことが日本経済の中で起こった．

ポイントⅠ

消費者による総消費額（C）は増えなかった． ……　C は一定

ポイントⅡ

企業による総設備投資額（I）は減ってしまった． ……　I は減少

ポイントⅠとポイントⅡにより，国民全体の総消費額（Y）は減ってしまったのである．経済学によれば，国民の総消費額（$C+I$）は有効需要であり国民生産に等しくなる．またそれは，国民所得（GDPに等しくなるはずである）でもある．すなわち有効需要の原理を経済学的に式で表せば

$$\underset{\text{（国民所得）}}{Y} = \underset{\text{（消費：増えなかった）}}{C} + \underset{\text{（投資：減ってしまった）}}{I}$$

となり，Y すなわち国民所得は減ることになる．これは非常に困ることになる．なぜなら国民所得 Y が減ると，次の消費額 C に影響するからである．

このことを次のような例で示すことにする．たとえば 1 単位（1 兆円でもよい）の設備投資が減ると，国民所得（Y）は 1 単位だけ減るであろうか？　答えはそれだけではすまないというのが正解である．国民所得（Y）が 1 単位減れば消費関数（注参照）によって消費（C）も 0.8 単位減る（ただし $C = 0.8Y$ と仮定する）．

(注) **消費関数**

$$消費関数 \underset{(消費)}{C} = \underset{(係数)}{a} \underset{(国民所得)}{Y}$$

この例の場合，係数 a を 0.8 と仮定すると消費関数は $C = 0.8Y$ となる．ところで消費関数とは消費は所得に比例するという考えで，消費と所得との関係を式で表した（消費関数）ものである．たとえば所得が増えれば，それに見合って消費も増える．逆に所得が減れば，それに見合って消費も減る．この例の場合，1 単位所得が増えたり減ったりすれば 0.8 単位消費が増えたり減ったりすることになる．

そうなると

$$Y = C + I$$

により Y はさらに 0.8 単位減る．Y が 0.8 単位減れば消費係数によって C はさらに $0.64(0.8^2)$ 単位減る．C が 0.64 単位減れば Y は有効需要の原理

$$Y = C + I$$

によりさらに 0.64 単位減る．

Y が 0.64 単位減れば消費関数によって，さらにさらに 0.512 単位減る．以下同様に無限地獄に陥っていくことになる．

これら一連の無限地獄のようすは，次のような式によって示すことができる．

問題

1単位の設備投資が減れば国民所得（GDP）はいくら減るであろうか？

解答

次に示すような無限地獄（数学的には無限等比級数）になる．

$$1 + 0.8 + (0.8)^2 + \cdots\cdots + (0.8)^{n-1} + (0.8)^n + \cdots\cdots$$
$$= \frac{1}{1-0.8} = \frac{1}{0.2} = 5 \text{ 単位}$$

つまり，たった1単位の設備投資の減少が（限界消費性向すなわち所得が1単位減った場合消費の減る割合を0.8と仮定した場合），回り回ってもとの5倍である5単位の国民所得の減少につながるのである．消費が減らずに投資が1単位減るだけで，このような「デフレスパイラル」を呈することをよく認識しておくべきである．

しかし，この失われた20年の間，国民所得（GDP）が減少しなかった．何故か？

賢明な日本政府の「財政出動」により，企業の行動パターンの変化（設備投資の減少化）を補ったのである．

さきほど国民所得 Y（GDP）は個人の消費（C）と企業の設備投資（I）だと説明した．

$$\underset{\text{(国民所得)}}{Y} = \underset{\text{(消費)}}{C} + \underset{\text{(投資投資)}}{I}$$

この式における $C+I$ を減らすことはすでに説明したように無限地獄に陥ることになる．

企業の行動パターンの変化により設備投資（I）が減少したが，その足りない分政府が財政出動（G）により補うことにした．

$$\underset{\text{(国民所得)}}{Y} = \underset{\text{(設備投資：減)}}{I} + \underset{\text{(消費：一定)}}{C} + \underset{\text{(財政出動：増)}}{G}$$

その結果，国民所得 Y（GDP）は減少することなく一定の値を保つことに成功した（少なくとも減少させなかった）．

> 　近代史が4回しか経験したことのないバランスシート不況下において，今回の日本政府の政策（財政出動により国民所得 Y を減少させなかったこと）は近代史において初めての輝かしい成功例といえる．しかし，大きな問題は国民もマスコミもすべて成功とは思っていないことなのである．

　上記のことをまず明確に認識しなければならない．そうしないと1997年の橋本政権，2001年の小泉政権や2009年からの民主党政権のような同じ誤りを繰り返すことになる．

　したがって，消費者や企業（特に企業が重要であるが）が「行動パターンⅡ」から「行動パターンⅠ」に変化するまで，すなわち消費者は自らの効用（Utility）を最大にするように消費行動をし，各企業は自社の利益（利潤）を最大にするように行動するまで政府は財政出動をし続けなければならない．

　そして消費者や企業（特に企業が重要であるが）の行動が「行動パターンⅠ」に変化したとき，小泉内閣が声高に叫び続けていた骨太の方針「聖域なき構造改革」をいっきにかたづけるべきなのである．

　すなわち規制緩和・不良債権処理・財政再建の3点セットに果敢に挑戦すべきである．もちろん政府は財政出動すべきではない．

　このとき初めて消費者や企業が（時に企業が重要であるが），

> 　損失を最小にする　《ゲーム理論の世界》
> 「問題記述型モデルの世界」

という呪縛から解放されて

> 　個人の効用（Utility）や企業の利潤を最大にする《AHPの世界：消費や設備投資に優先順位をつける》
> 「問題解決型モデルの世界」

という「資本主義の精神」に立ち戻れるのである．この「資本主義の精神」に必要な戦略こそ「AHPの世界」であり，今後の日本にとって必要な考え方である．

　この失われた20年の間，特に企業は萎縮してしまい「損失を最小にする」という「ゲーム理論の世界」の戦略をとらざるをえなかったのである．しかもこの「ゲーム理論の世界」は非常に重要な戦略であり企業や個人は何も過ちを犯したわけではない．しかし，誰も過ちを犯していないのに全企業や国民全員が

このような行動をとると無限地獄に陥ることはすでに説明したとおりである．このような過ちのことを経済学では「合成の誤謬」(注参照)という．それを救うのが政府の役割であり，「財政出動」もこのときこそ「正しい政策」となる．

一方，個人や企業が萎縮した状態から立ち直り，「個人の効用や企業の利潤を最大にする」という「AHPの世界」の戦略をとり始めたときにマックスウェーバーいうところの「資本主義の精神」（起業家精神）が芽生え始めるのである．

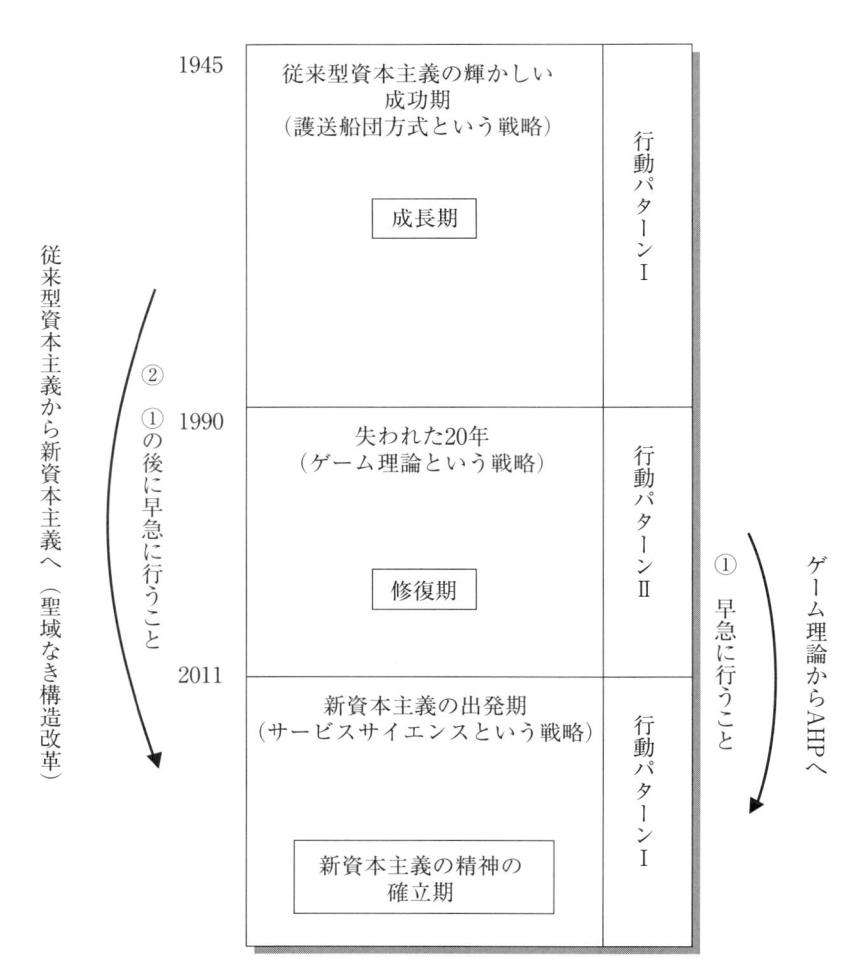

図2.3 日本が早急に行うべき2つの戦略（順序は①が先で②はその後）

そのようなとき，すなわち2008年9月15日に米国発「リーマンショック」が起こり，また「ゲーム理論の世界」に戻ってしまったことは，記憶に新しいことである．

2.2 サービスサイエンスとネットワーク社会

その結果，今はちょうど『ゲーム理論の世界』から『AHPの世界』のはざまに我々はいる．ところで戦後の日本を3段階に分けて図示すると図2.3に示すようになる．この図に示したように，今必要なのは2つの戦略であることがわかる．1つは『ゲーム理論の世界からAHPの世界へ』の戦略変更であり，この点については本章で詳しく説明した．もう1つは『従来型資本主義から新資本主義への構造改革』の戦略変更である．

そして本書で紹介するサービスサイエンスの社会こそ，この新資本主義のことなのである．すなわち，新資本主義とはネットワーク社会に支えられたサービスサイエンスの社会を意味している．このように21世紀のパラダイムは，コンピュータネットワークを社会基盤としたサービスサイエンスということができる．この概念はIBMのAlmaden研究所で提唱されたが，その社会的基盤を築いたのは天才ビル・ゲイツである．

(注) **合成の誤謬**

> ケインズが提唱した「個人を富裕にする貯金は経済全体を貧困にする（別名：節倹のパラドックス）」を『合成の誤謬』と呼ぶ．また，この考えを完成させたのがアローで，アローのジレンマと呼ぶ．例えば3人（I II III）がすし（S）とスパゲティ（P）とラーメン（R）の好みについて次のような答えを出したとする．
>
> I … S>PP>R → S>R
> II … P>RR>S → P>S
> III … R>SS>P → R>P
>
> I II IIIの各個人において（個人の選択），3人とも推移律が成り立つ（合理的である）．しかし全体としてはSとPの選択ではS>P（2人I IIIにより），PとRの選択ではP>R（2人I IIにより），RとSの選択ではR>S（2人II IIIにより）になり推移律が成り立たず循環律になっている（不合理）．

ゲイツの築いた Windows Version によりコンピュータネットワーク社会ができつつあり，社会全体がサービスサイエンス社会へと邁進するのである．この様子は表 2.1 に示したとおりである．

表 2.1　20 世紀と 21 世紀におけるパラダイム（木下提案）

	20 世紀	21 世紀
パラダイム	コンピュータサイエンス（19 世紀末から 20 世紀初頭）	サービスサイエンス（20 世紀末から 21 世紀初頭）
場　所	ハンガリー　ブタペスト（カフェニューヨーク）	アメリカ　ニューヨーク (IBM)
キーパーソン	フォン・ノイマン	ビル・ゲイツ
社　会	階層社会	ネットワーク社会
資本主義	従来型資本主義	新資本主義

	20 世紀の予言者	21 世紀の予言者
予言者	ニーチェ	トフラー

この表で著者が特に主張したいのは，サービスサイエンスという概念が 21 世紀のパラダイムになるということである．

ところで，最後に従来型資本主義を支えている階層社会と新資本主義（サービスサイエンス社会）を支えているネットワーク社会に関して著者が提案する公理と定理を示すことにする．

> 【公理】（階層社会とネットワーク社会に共通に必要な資本主義の精神）
> 　マックスウェーバーが唱えた資本主義の精神とは以下の3点を指す．
> (1) 高度な倫理観（謹言実直，正直，信用，時は金なり等）
> (2) 目的合理性
> 　　（企業は利潤の最大化を求め消費者は自らの効用を最大にすること）
> (3) 利子を認めること
> 　　（利子を認めることは企業が利潤を求めることを善となすこと）
> 　以上の資本主義の精神が生まれてこそ資本主義は生まれたのである．そして，この資本主義社会において階層社会が作られ，ネットワーク社会が作られつつあるのである．したがって従来型資本主義と新資本主義とも，マックスウェーバーが提唱する資本主義の精神が必要なのである．

> 【定理1】（階層社会における掟）
> 　階層社会では人々は安定する．そしてこの社会に歯向かわなければ幸せになる．そして，出来上がった資本主義が新たな資本家と新たな労働者を拡大再生産させる．しかし，この社会は不自由である．

> 【定理2】（ネットワーク社会における掟）
> 　ネットワーク社会では素晴らしい自由が得られ，多くの新たなビジネスチャンスにめぐり合える．しかし，いつも資本主義の精神を持ち続けなければ資本主義に適した資本家や労働者は拡大再生産されない．つまり，ネットワーク社会では資本主義の精神を持ち続けなければ不幸になる．

2.3　サービスサイエンスの必要性

本節ではサービスサイエンスの必要性について著者の意見を述べる．

(1) 日本はじめ先進諸国においてサービス産業の就業人口が70%，GDPの75%を占めており，2001年以降（21世紀以降）の経済成長の大部分を担っている．
(2) 国の競争力維持・強化のためにサービス・イノベーションが重要である．

また Brics（ブラジル，ロシア，インド，中国）諸国が今後サービス産業へと労働人口を移動することを計画している．
(3) 官のサービス（中央政府，地方政府），民のサービス（民間企業が提供するサービス），NPO（大学や病院等）などのサービス（教育サービスや医療サービス）の効率性，生産性の飛躍的改善が求められている．
(4) 第3次産業（サービス業）の育成だけでなく，第1次産業（農業漁業）や第2次産業（製造業）のサービスサイエンス化が求められている．

以上，著者が示したサービスサイエンスの必要性を前提にして，本節ではサービスの定義について調査することから始める．ところで，サービスの特徴はその「無形性」と「同時性」にあると言われている．サービスの無形性とは「物理的な形をとることができないから見えない触れない」ということであり，サービスの同時性とは「生産と消費が同時に行われる」ということである．このサービスの「無形性」と「同時性」はサービスの「異質性」と「消滅性」にもつながるのである．すなわち，サービスの異質性とは「サービスの品質に差異が生ずる」ことであり，サービスの消滅性とは「サービスは在庫できない」ということである．

以上のようなサービスの特徴に鑑み，コトラー他は次のようにサービスを定義している．

【定義】コトラーのサービスの定義
　サービスとは他者に対して提供される活動もしくは便益である．また，本質的に無形で購入者の所有権を一切もたらさないものである．

【定義】ローイのサービスの定義
　サービスとは無形であり，サービス提供者と消費者の相互作用を必要とするあらゆる経済活動である．

【定義】IBMのSSMEにおけるサービスの定義
　サービスとは価値を創造し取得する提供者と顧客の相互作用である．

> 【定義】亀岡のサービスの定義
> 　サービスとは人や組織がその目的を達成するために必要な活動を支援することである．

さて，最後に紹介した亀岡はサービスの定義だけでなくサービスサイエンスが目指す将来への方向性を次のように示している．

(1) サービス業における生産性の向上
(2) サービスの効率を上げる技術の導入
(3) サービスの可視化
(4) サービス・イノベーション人材育成
(5) 国際競争力向上

一方，著者である木下はサービスサイエンスが目指す方向性は

　サービスの価値計測と価値測定手法の必要性にある．

と定義している．そのためには，サービスサイエンスのサイエンス的アプローチとサービスサイエンスの課題を克服する必要がある．これらの内容は次節で取り上げることとする．

2.4　サービスサイエンスのサイエンス的アプローチ

サービスを科学する「サービスサイエンス」を学問として確立するためにはサービスサイエンスのサイエンス的アプローチが必要である．そこで以下，著者のサービスサイエンスに対する視点を示すことにする．

(1) サービスサイエンスとはサービスの特性・性質の発見と理解から始まる．そしてサービスサイエンスで発見・理解された特性・性質を人間の社会において分解・合成することにより，新しいイノベーションを創造することが必要である．
(2) サービスサイエンスは人と技術の共創から生まれる新たな価値を提供するものであり，(1)で発見された特性・性質を分析・解釈することが必要である．

(3) このようなサービスサイエンスが人間の社会に定着するためには，サービスオペレーションのための共通言語 (数学や概念も含めて) と社会における共通のプラットフォームが必要である．
(4) サービスサイエンスの適用分野は官・民・NPO 等多岐にわたるので共通のサービス価値測定手法の確立が必要である．

以上に示した 4 つの視点を基にまずサービスの分類を試みてみよう．17 世紀において確立された物理学は「距離」「速度」「加速度」の概念の成立により成熟した．一方，20 世紀後半において確立された経済学は「資産」「所得」「成長率」の概念の成立により成熟した．したがってサービスサイエンスの確立のためにはサービスの分類において「近代物理学」や「近代経済学」の発展のプロセスを考慮する必要がある．そこでサービスサイエンスにおけるサービスの分類において「ストックサービス」（物理学における距離の概念あるいは経済学における資産の概念に相当する概念）と「フローサービス」（物理学における速度の概念あるいは経済学における所得の概念に相当する概念），そして「フロー変化率サービス」（物理学における加速度の概念あるいは経済学における成長率の概念に相当する概念）という 3 つのサービスを考えることにする．「ストックサービス」とは，社会インフラや情報インフラをはじめ，主に官（行政）のサービスにおけるインフラサービスや制度サービスを指している．また「フローサービス」とは，主に官や民におけるサービス現場におけるサービスを指しており，日常的サービスともいえる．最後に「フロー変化率サービス」とは，主に民のサービスにおける非日常的サービスを指している．以上の 3 つのサービスを表に示したのが **表 2.2** サービスの分類（木下提案）である．

2.5 サービスサイエンスの課題とサービスの位置付け

本節ではサービスサイエンスの課題について著者の意見を述べる．

(1) サービスサイエンスにおけるサービスの価値計測は，ほとんど経験と勘に頼っており価値理論がない．
(2) そのためには，サービスのモデル化が必要である．それができれば，すべてのサービス分野（行政，企業，NPO 等）におけるサービスの価値が

表2.2 サービスの分類（木下提案）

数学	物理学	経済学	サービスサイエンス	サービスの例	サービスの価値測定の視点
もとの変数	距離	資産(ストック)	ストックサービス	行政サービス 社会保障制度 社会インフラ 情報インフラ	ストックサービスの価値測定 時間軸に積分：費用便益分析
時間で1回微分	速度	所得(フロー)	フローサービス（日常的サービス）	ファーストフード スーパー スターバックス等	フローサービスの価値測定 時間軸に微分：CS調査
時間で2回微分	加速度	成長率（フロー変化率）	フロー変化率サービス（非日常的サービス）	加賀屋 ザ・リッツ・カールトン大阪 金融工学	フロー変化率サービスの価値測定 ここちよい変化：フラクタル測定

計測できる．

　以上，(1)(2)の課題を克服する価値計測手法として，本書では支配型AHPを推薦する．この内容については本書の第10章から第13章までに詳しく記述しているので精読していただければ有り難い．また，本章の最後としてサービスの位置づけについて著者の意見を述べる．

　1970年代からアメリカでは通常の財と比べてサービスの異質性が意識され，それを適切に定義する概念が絶えず生まれ，また修正され続けてきた．最大公約数的にその異質性に対する議論をまとめれば以下のようになろう．サービスは物質としての特性を持たず，即時的（すなわち生産と同時）に消費され，価値の蓄積機能を持たない．また物的財の価値がそれ自体に内在されるのに比べ，サービスの経済的価値は2つ以上の事・物・人の関係から生じる．そのため，消費者と生産者の任意の組み合わせ，あるいは周囲の環境によってその質は絶えず変動し，同じ水準を保てるとは限らない．さらに，サービスはその対象自身が持つ単独の消費価値よりも他の財・サービスの消費価値を間接的に高めるという補完財としての機能が主要である場合も少なくない．

これらのような側面・性質からサービスを科学するといっても一筋縄でいかないのが現状である．特に活動全体を包括的に定量化し，客観的に評価することが最も難儀な点である．我々の得意としてきた分野とは，概ね官のサービス・重厚長大的なインフラ整備計画に由来するものが多く，情報数理的にモデル化可能な都合のよい部分だけを切り取って問題を解決してきた感がある．今後は特に，民のサービスに関して対象物の関係から生じる価値を定義・測定・評価・モデル化・再現・最適状態探索・政策立案・管理計画していくことは，あらゆる人文・社会科学にとって共通の重要課題となろう．サービスという活動の総合的で複雑な特性を考えるに，数理モデル化が難しい対象物や事象に関しても定式化を行う手段を提供し，客観的に議論する枠組みを与えることが必要とされる．

　また，その新たな知識の体系化を図る際には経済学や心理学など，人文・社会科学の諸分野が司る役割が大きいものと予想される．事実，「科学技術基本計画」（2006年3月文部科学省）には「国際的に生産性が劣化しているサービス分野では科学技術によるイノベーションが国際競争力の向上に資する余地が大きいほか科学技術の活用に関わる人文・社会科学の優れた成果は製造業等の高付加価値化に寄与することが期待されていることからイノベーション促進に必要な人文・社会科学の振興と自然科学との知の統合に配慮する」と記され，今後の日本の科学技術政策の中心的理念として位置付けられている．

第3章
サービスサイエンスの現状と課題

3.1 アンバンドリング

　本章では，サービスサイエンスが現在なぜ問題になっているかを考えていく．まず，アンバンドリングという概念を導入しよう．バンドリングとアンバンドリングは商品を構成する際の概念で，どこまでをひとまとめの商品として設計するかという問題である．最も単純なケースは，商品をいくつでひとまとめにするかという問題が一種のバンドリングである．日本では食器は多くは五客でひとまとめとするが，洋食器の場合は半ダースを単位とすることが多い．五を単位とするか，六を単位とするかというちがいは習慣の差異であって，それ自体が商品にとって決定的な問題というわけではない．しかし，どちらかに決定しなければ商品を作ることはできない．

　このバンドリングは複合的な機能を持つ商品の場合，組み合わせて売るか，あるいは単体で売るかという問題として現れる．昔のワードプロセッサーの場合は，プリンターを必須としていた．文書を作成する器械であるから，それを印字できなければ器械としての意味はないと考えられていた．電子文書だけでは文書作成する意味はないという時代の商品設計であった．ところが，プリンターの機能が高まっていくと，ワードプロセッサーとプリンターを分離することが可能となる．一体化して売るとプリンターが付加される分だけ価格は上がることになるが，他方で，高性能のプリンターのみをもとめるという需要も存在する．どのように商品を構成するかという問題はかなり複雑になってくる．

　アンバンドリングという問題が非常に強く意識される状況であったのは，大型コンピュータのケースである．大型計算機でのソフトウェアがハードウェアと分離されて，ソフトウェアのみが別の商品として販売されるようになるとい

う形態のアンバンドリングが生じたことが大きな転機である．ソフトウェアという目に見えない商品は，大型計算機という高額な商品に付随するものであり，当然無償で提供されるものとされていた．それが次第にソフトウェア開発のコストが高くなるにつれて，ハードと切り離された単体の商品として扱われるようになり，コンピュータ・メーカーが別商品として売ることになっていった．このことに対しては，ユーザーからの強い反発があったがソフトウェア開発のコスト上昇は明確で，最終的にはユーザーが妥協せざるを得ない状況になった．

　大型コンピュータだけではなく，この後に開発される電子製品は大半がソフトウェアを伴っており，それをバンドリングするか，あるいはソフトとハードをアンバンドリングするかという点では商品としての大きな岐路になる．かつてのゲーム機は，インベーダー・ゲームなどハードウェアとソフトウェアがバンドリングされており，一種類のゲームしかできなかった．現在のゲーム機はハードウェアとソフトウェアを別々に購入するという形態であり，ソフトがアンバンドリングされている．

　めざましいケースが電話である．かつての電話機はハードウェアの中にソフトウェアがバンドリングされ，その使用法は固定されていた．法律で，電話で通信してよいのは人間の声だけであると規定されていた．電話機もすべて共通で，旧電電公社から加入者が借りるという形態になっていた．現在では，電話回線だけが通信会社のものであり，そこにどのようなデータを流すかは加入者の自由になっている．音声情報だけではなく，文字情報も映像情報も流され，とりわけ，企業間のデータ交換が行われている．どのようなソフトでどのようなデータを交換するかは加入者の自由である．

　ハードウェアとソフトウェアが別々の商品となり，異なる主体によって開発がなされるようになる．この状態では，両者が統合された形での商品ではなくなり，技術的にそれぞれが独立する．技術を制御することがほとんど不可能になってくる．実はこの点はかなり重要な問題で，かつての電話は電電公社とそこに納入している企業の中でほとんど完全に技術が統制されていた．どのような機能を組み込み，どのような方向に技術を進歩させていくかという点はほとんど完全な制御が可能であった．それがソフトとハードがそれぞれに開発されると，技術的な規格を定めた段階で，その規格の中であれば何をしても良いということになってくる．完全な制御が可能であった状況で，どの顧客に対して

も均質なサービスを提供するというユニヴァーサル・サービスが可能であった．地域的な条件や，大口顧客か否かに関係なく均質で均等な価格でサービスを提供するというユニヴァーサル・サービスは，逆に加入者の自由度を束縛しているといえる．

　自由にハードウェアやソフトウェアを改変し，自分の使いたいように用いることが許される状態になると，それを制御することは事実上不可能になる．名和 [1] はその状態を「アナーキーな暴走」と表現している．ハードもソフトも互いの存在を制約と感じて，それぞれ自分の好きな方向に開発を進めていく．

　この状態で，ソフトとハードを結びつけるというビジネスが成立する．いわば，アンバンドリングの状態から再バンドリングを行うというサービスである．このような再バンドリング・サービスが非常に多くの領域で必要とされている．この点で象徴的であるのは IBM の主力製品の推移で，かつて主力だった大型計算機は現在の売上の中では非常に小さな割合しかなく，ハードウェアからソフトウェアに売上比率が移行していき，さらに現在ではコンサルテーションが最大の売上をもたらしている．IBM がサービスサイエンスを提唱しているのは，このような意味でのアンバンドリングにともなう変化を認識しているといってよい．

　この文脈でのサービス産業は，既存のサービス業，例えば医療や教育，美理容などの対人サービスとはかなり性格を異にしている．対人サービスをアンバンドリングで考えることができるのだろうか．その前に，バンドリング商品が成立した経緯を考えてみよう．

3.2　商品の歴史

　歴史的に見るならば商品は始めはハードウェアのみであり，ソフトウェアは使用者が用意するものであった．最初の商品は加工度が低く，素材そのものであったり，道具としての加工もあまりなされていないものであったと想像できる．したがって，それを使いこなすためには使用者がかなりの程度の使用の技能（ソフトウェア）を持っていることが必要とされる．

　最も早い商品はたぶん食品素材であっただろう．自給自足の状態でも，おかれた環境で入手困難な食品が交換によって流通している．塩などが代表的で，

タンパク源としての魚介類なども交換の対象となっていた．さらに，共通の交換素材としての穀物は通貨の代替をしていたと考えられる．市場（いちば）で可食の食品を売っていることはあっても，それは最初から可食にするつもりで加工したのではないことが普通であっただろう．このことは，市場を歩いて観察してみるとわかることだが，大半の可食な食品は生鮮食品が売れ残りそうなときにそれを加工して商品の寿命を延ばそうとした市場内加工である（日置 [2]）．

可食である食品は素材に加工技術がバンドリングされたものであると考えるならば加工技術というソフトウェアがなければ食品は商品としての意味を持たない．ふぐやアンコウなど技術と装備がなければさばけない魚が商品になるためには，多少のバンドリングが必須であるといえる．その商品を取り扱うノウハウなしにいきなり商品として用いることができるような商品が現在では一般的になっているが，歴史的には必ずしもそうとはいえない．

ハードウェアとソフトウェアがバンドリングされた商品が一般化したのはそれほど古いことではない．バンドリング商品は誰にでも使うことが可能であるような商品である．特別な使用ノウハウを持っていなくても使用可能であり，消費者を特定しないといってよい．このような商品が多く成立したのは，大量生産による見込み生産が行われるようになって以降であるといってよい．徹底した規格化と標準化で同じ製品を繰り返し作る大量生産という生産様式が開発されて，大量に商品生産が可能となり，その結果としてコストが低下していくことで，豊かな社会が実現する．その中で商品が変質して，ハードウェアとソフトウェアがバンドリングされた商品が一般的になってくる．

例えば，衣類を考えると，自給自足で家庭が生産していた頃は製造時でのデザインも自分で決定しており，ハードとしての繊維素材に対してデザインというソフトが付加されていると考えることができる．ソフトとしてのデザインが最初からバンドリングされた製品が作られ，それが標準になったのは随分新しい．大企業が既製服を大量に製造するという事例はほとんど見られない．学校や軍隊というデザインが統一されているものを除けば，ワイシャツや下着と行ったようなデザインの変化があまりないものしか大企業による生産は行われなかった．さらに，下着やワイシャツもデザイン性への欲求が高まると大企業ではなく，中小企業の生産に移行していく．これは，アパレルが本来多品種少量生産であり，色やサイズのちがいなど細かに管理することが必要で，大企業がそれ

に耐えられなかったことによる．バンドリング商品が増大するにつれて，中小規模のロットの少ない生産が行われるようになった．

実際，伊藤 [3] によるとデパートで売る紳士服が既製服になったのは，日本では第二次世界大戦後であるとされている．それ以前は，デパートが専門の職人を抱え，オーダーメイドの紳士服を販売していた．見込み生産の既製服をつるしておき，それを販売するという形態はかなり新しい．しかも，紳士服からメーカーがデパートの売り場で自分のリスクで販売し，デパートは売り上げの一定部分を受け取るという形態が増えてきたそうである．

多くの商品が大量生産によって生産されるが，大量生産は当初は単一，あるいは少品種の生産を前提としていた．フォード型大量生産を行った T 型フォードではセダンやクーペなどわずかに形の違う三種類に絞り込んでいたし，色は黒しかなかった．顧客の欲求に合わせて多品種少量生産が行われるのではなく，大量の消費を予測して単一製品を安価に製造することが行われていた．商品の絶対量が少なく，作れば売れるという時代で，製造コストを下げるためには，同一規格で製造することが望ましかった．このために，どのような消費者に対しても適合するような機能やデザインがもとめられていった．

この結果として，ハードにソフトが固定されたバンドリング商品が作り出された．ソフトを入れ替えることは困難であり，特定の使用にのみ対応するような商品設計がなされていった．大量生産の代表である自動車は例外的に複雑であって運転技術という使用ノウハウを必要とするが，多くの商品は特別の訓練をしなくても使用可能な製品に設計されていった．現在のように半導体が発達していない状況では，ハードウェアの中にソフトが組み込まれていた．

例えば，電気炊飯器は電子的に制御される以前はバイメタルと呼ばれる部品で温度が制御されていた．これは，膨張率の異なる2つに金属を貼り合わせたもので，温度が上がると貼り合わせた一方だけがより大きく伸びるためにバイメタルは全体として曲がっていくことになる．この曲がりによって電極の接触が一定の温度で外れ，電源が切れることになる．通電し，その結果として温度が上昇したのちに電源が切れる．この設定を行っておけば，米の量と水加減で調整して，スイッチを入れるだけで後は炊飯器に全てをゆだねておいてよいということになる．ソフトウェアはハードウェアに組み込まれているために，消費者は炊飯のノウハウを全く持たなくてもよいことになる．

逆に，現在では消費者は直火で炊飯するノウハウを失って，炊飯器に依存するようになっているといってよい．バンドリングの副作用であり，ハードとソフトが完全に連動しているために，ソフトを調整することは極めて困難であるだけではなく，ソフトを持つ必要がなくなったといえる．このために，ガスや電気が失われた状態，例えば，阪神淡路大震災において，炊飯することが全くできない被災者が続出した．熱源と鍋があれば炊飯は可能であるが，そのノウハウは失われ，外から持ち込まれる米飯に完全に依存する被災者がほとんどであった．

　大きな流れとしては，ハードウェアのみの商品の状態から，多くの消費者に対応可能なバンドリング商品が大量生産と共に開発され，それが次第に多品種少量生産に移行すると共にアンバンドリングが進行しているといってよいだろう．通常多品種少量生産への移行は，消費者の欲求の多様化によるとされているが，技術的にはアンバンドリングによって，ソフトウェアの手直しが可能になったことに加えて，モジュール化の進行が大きな要因であるだろう．

　モジュール化とは，製品を構成する要素を機能ごとにまとめて，それらを連結することによって製品のバリエーションを作っていくという設計思想である．最もそれがよく現れているのがパソコンであり，中央の計算部分に何を付け加えていくか，記憶装置をどのようなものにするのか，インプットとしてキーボードだけではなく，音声信号入力を行うか，映像情報を扱うかなど，それぞれの使用目的によって多様なパソコンができあがる．それぞれのモジュールがどの程度の能力を持っているかによってパソコンの性能が異なってくる．例えば，そのパソコンで作曲を行う場合と，音さえ出れば十分であるといった場合では必要とされるモジュールの性能が相当に違ってくる．自分がそのパソコンで何を行うかを熟知していれば，自分に適合したパソコンを入手できる．

　実際には，自分がどのようなモジュールを選択すべきかを熟知している消費者は非常に少ない．モジュールの種類だけではなく，どのような能力を持っているかを知って，それを組み合わせるという知識を獲得することはかなり難しい．そこで，それを代行したり，助言するというサービスが成立する．商品が汎用の商品から，顧客のニーズに合わせてカスタマイズされていく傾向にあり，そのカスタマイズサービスが十分に産業になり得るという点が，サービス産業に対する注目となっている．対象が個人であっても，法人（事業主体）であっ

ても，汎用からカスタマイズという流れの中で，バンドリングされていたソフトとハードを再バンドリングする代行・助言が非常に大きな需要を生んでいる．

3.3 対人サービスの動向

　製造業全体として，商品の変化に対応したサービスへの着目がなされているのに対して，伝統的な対人サービスの領域でもかなりの変化があった．それはまず，対人サービスに対する雇用先としての期待である．製造業での省人・省力が進行して，これ以上の雇用を期待することはできなくなっている．さらに，オフィスでも情報機器が発達して雇用の総量は激減している．その中で，第三次産業への雇用に期待するしか仕方がないという状況になっている．

　身体接触をともなうような対人サービス，例えば，介護や医療，理美容などは機械化や電子化の影響を多少は受けるとしても，劇的に雇用が減少することはない．しかも，これらの領域が徐々に専門性が高くなって，それらのサービスの高度化が進行しているために，家庭内でそれを行うことが難しくなっている．かつては介護も医療も家庭内で家族が行ってきたが，機器が開発され，高度なケアが行われるようになった．このために，それを専門家にゆだねる必要が生じ，多くの新規雇用が必要となってきた．雇用の受け皿としての対人サービス業を再編成しようとする動きが現れる．

　その1つが大学における介護や福祉関係の学部の新設である．ここ10年あまりに新設された福祉関係の学部はかなりの数に達する．現在，大学生は就職を意識して進学を考えており，その際に確実な就職を期待できる職種として福祉を考えるという傾向は明らかで，それに応えるように福祉関係の学部が多く新設された．ところが，福祉での就職が量的にかなり多くあっても，職業としては所得が低く，さらにかなりきつい仕事であり，決して有利な就職とはいえないことが学生に伝わっていった．

　これに代わって注目されたのがサービス産業であり，そこでの高度な専門家を育成しようとする動きが生じる．ところが，ここで注目されるのは，サービスという概念でそれを示すのではなく，ホスピタリティという名称が用いられている点である．現在，学部，学科，講座の名称としてホスピタリティの語を使用しているケースはかなり増えているが，サービスという名称を用いている

ものは皆無である．

　製造業の方では，サービス概念が全面的に受け入れられ，サービスサイエンスといった学問領域が提唱されているのに，既存の対人サービスの領域ではサービスという名称を忌避しているようにみえる．これはなぜだろうか．1つは，製造業におけるサービス概念と区分した差異化を図るためであるといえる．しかし，それだけではなく，ホスピタリティ概念をより中心的な概念として設定しようとしているといってよい．

　しばしばホスピタリティを論ずる際に語られるのが，サービスの語源はラテン語のServitusにあり，奴隷をその意味とするのに対して，ホスピタリティは同じくラテン語のHospesにあり，これは巡礼や十字軍に対するもてなしに代表される接遇を意味している点の指摘である．これから，サービスの概念はサービスを受ける側と供与する側の間に上下関係があるのに対して，ホスピタリティは対等の関係であり，ホスピタリティとして対人サービスを語ることがより適当であるという議論がなされている．

　しかし，この議論は必ずしも適当であるとは思えない．サービスが奴隷の奉仕を意味しており，強制的であるのに対して，ホスピタリティは自発性を持っているとするが，サービスという語の用法を見ると，個人に対する奉仕だけではないことが理解される．例えば教会におけるサービスは神への奉仕であり，日々の勤行として決められた時間に礼拝することがサービスであり，また，兵役はサービスと表現される．もちろん，神や国家への奉仕は義務的であり，上下関係があるが，個人への奉仕という意味とはかなり乖離している．サービスは広く，さまざまな社会関係の中で奉仕することであり，奴隷が語源であるとしてもそこからかなり離れて用いられている．

　さらに，奴隷という存在についての理解が果たしてできているのかという点が疑われる．つまり，日本だけではないと思われるが，奴隷制度の理解をアメリカの黒人奴隷をモデルとして，それを標準と考える傾向がある．アメリカの黒人奴隷制は世界史的に見るときわめて特異な制度であり，奴隷制度一般からは乖離している．それは，アメリカの制度が近代的所有制度成立以降に制度化されたという点である．近代的所有とは基本的には処分権の確立であるとされている．所有権は不可侵であり，制限されない．つまり，いったん自分の所有が確立すると，その権利を剥奪されることはなく，自由にその財産を支配でき

るという権利である．

　一般に奴隷制度は身分拘束され，自由が剥奪された状態を指しているが，その剥奪の状況についての規則はそれぞれの社会でかなり明確に定まっており，一般的な身分拘束がどのようなものであるのかはかなり複雑である．自由民の身分を失う大きなきっかけは債務の返済ができない状況で，債務奴隷は負債を自分の労働で返済するという形態になる．日本の年季奉公もこのような債務奴隷として考えることができ，債務が返済できれば自由民の身分を取り戻すことができる．

　古代や中世の奴隷は，戦争捕虜を奴隷とすることが一般的であったらしい．とりわけ，複数民族が居住する対立の条件では異民族との接触において，異民族との紛争での捕虜を奴隷とする傾向は強い．この場合には債務奴隷とは異なって，自由身分を回復することは困難である．自由身分の回復の可能性の有無にかかわらず，奴隷の扱いには一定のルールがあるのが普通で，近代的な所有権における財産処分権が認められることはない．例えば，奴隷の家族の親子をばらばらに売ってしまうことは所有権の行使としてはあり得ても，前近代の奴隷制では考えられない．不自由民であっても家族を持つことが許されている社会では，その家族を解体することは例外的である．つまり，奴隷制があっても，奴隷は所有物ではなく，不自由民なりのルールが設定されている．

　例えば，アラブにおける奴隷は，周辺の異民族(非イスラム教徒)の子弟から調達され，宮廷をはじめとして上流社会で奴隷として使われた．マムルークと呼ばれるこの奴隷は，能力があれば徴用され，大臣にまで上り詰める者も出てくる．大臣になることは例外であるとしても，自由身分を獲得することはさほど珍しくなかった．それぞれの社会において奴隷には固有のルールがあり，人権を全く持っていないというわけではない．それが近代的所有制度は財産処分の自由を認めるために，人権よりも所有権が優先され，人間をものとして扱っていることになる．

　奴隷が語源であるとしても，そのことが人格的に貶められているというわけでは無く，ホスピタリティという概念に置き換える必要があるとは思えない．ホスピタリティが対等であるとする主張も歴史的事実として確認することは困難である．つまり，修道院などでの巡礼の受け入れは，その宗教における規範に従うものであり，もてなすものともてなされるものが対等であると一般的に

はいえない．

　日本での対人サービスを考えるならば，無形のサービスに対して対価を支払うことに対しては，サービスにともなう有形財の代価という形での支払いとして処理されることが多いように思える．例えば，宿泊については，宿泊サービスそのものではなく，自炊に用いる薪の値段として宿泊料が支払われる．木賃という形態の自炊でない場合は旅篭といわれるが，これは食事を提供するというだけではなく，宿が提供する食事と道中に携帯する食事 (昼食) の価格として宿泊料が設定されている．

　さらに，芸者に対しては花代とか線香代という表現でサービスの代価が支払われる．線香は座敷に出ている時間を，線香を燃やすことではかったためで，線香一本がいくらという計算がなされる．

　ここで注意すべきであるのは，このような有形財への代価の形で支払いがなされるのは，サービスの受容者と提供者の関係が対等に近い場合であるという点である．両者の関係が明らかに上下であるような賤業，例えば，売春や葬儀従事者については，金銭の支払いを受けたサービスに対する代価とされる．他方で，逆にサービスを提供する側が極めて上位にあるような場合である僧侶による加持祈祷や学問の伝授を受ける場合なども，有形財による代替は行われない．つまり，金銭の支払いは交換ではなく，喜捨かお布施といった贈与の形態を取る．もちろん，贈与や一方的剥奪もまた，交換の一様式であるとする交換理論に従えば，等価的互酬交換という枠組が外れているということになる．

　交換の主体同士が，互いに利益を得るから交換が行われると考えるのが互酬的交換であり，交換が成立するためには少なくとも交換物が主観的には等価であることが必要であると考えるのが経済的交換の前提であるが，経済的交換が全ての社会的交換であるわけではない．サービスを経済的行為であると考えても，それを経済的交換として処理できる場合と，そうではない場合に区分しようとするために，経済的交換を擬制するという処理がなされている場合と，交換であっても不等価であったり互酬的ではない交換の様式が採られる場合になっていると考えてよい．

　日本でのサービスの用法として，商店での「サービスしまっせ」といった表現は本来の価格での等価である経済交換ではなく，本来価格以下の不等価交換であることを指している．この意味でのサービスが案外本来的なサービスとい

う概念に関わっているのではないだろうか．つまり，サービスは互酬適当か交換として機能的に行われる交換ではない交換に対して用いられている．その意味ではホスピタリティとサービスを区分するという必要はないと思える．

これまでサービスの特性として次のような特性を持つとされていた．

(1) 同時性：売り買いした後にモノが残らず，生産と同時に消費されていく．
(2) 不可分性：生産と消費を切り離すことは不可能である．
(3) 不均質性：品質は一定ではない．
(4) 非有形性：触ることができない，はっきりとした形がないため，商品を購入前に見たり試したりすることが不可能．
(5) 消滅性：形のないものゆえ，在庫にすることが不可能である．

これらの特性が現在ではほとんど意味がなくなってきていることも明白である．情報機器が発達して，遠隔でもさまざまなサービスが提供されるようになったために，時間と空間の制約なく，サービスが授受される．サービスが特別な配慮を必要とする経済活動であるとされるのは，経済的交換の枠組みに適合しにくいことによるといってよい．つまり，交換の概念でモノとモノ，あるいはモノと貨幣を交換するという枠組みで制度が作られてきたために，用役と貨幣の交換を取り扱う工夫がさまざまになされていると考えてよい．その時に，サービスの提供者と需要者の間の上下関係は多様であり，サービスが従属的で，ホスピタリティが対等であると考える必然はないように思える．

3.4 サービス概念の統合

アンバンドリングによって生じたさまざまなサービスと古典的な対人サービスを統一的に取り扱うことは可能であるだろうか．実はやや無理をすれば，統一的にサービスを取り扱うことは可能である．対人サービスの多くは，ハードウェアとしての身体に対して，何らかの操作を行うことであり，その操作ノウハウをソフトウェアと考えるならば，バンドリングであると考えることが可能である．医療の場合には明確に身体はハードウェアであり，それに何らかの操作を加えるのは，バンドリングのプロセスそのものであるといってよい．同様に理美容や介護なども身体とのバンドリングであるといってよい．

身体ケア以外の対人サービスでは，料理店旅館などでの接客業も接客ノウハウを客の身体的行動にバンドリングするという説明を付してもよい．教育についても，身体へのノウハウのバンドリングの類推を用いることにさほど不自然さはない．また，カウンセラーやコンサルタントといった対人サービスについても，ノウハウのバンドリングが行われていると考えることで説明は可能である．このように，自分自身の持っているハードウェアをより有効に機能させるために，他からソフトウェアの提供を受けると考えるならば，バンドリング・サービスが行われていると考えることが可能になる．

　アンバンドリングの状態にあるモノをソフトウェアとバンドリングする行為がサービスであり，それを有償で行うことで経済行為となり，サービス産業が生まれてくると考えるならば，対事業所サービスといわれる業種と対人サービスと呼ばれる業種が1つの枠組みで理解可能になるといってよい．

　ここで問題になるのは，そのサービスが汎用であるのか，それともカスタマイズされたサービスであるのかという点である．製造業の場合には製造ロットが大きいか小さいかに相当する問題であるが，製造業であれば，大ロット生産としての大量生産に対して，小ロット，極小ロットでの多品種少量生産が対比される．汎用サービスで，どのような顧客に対しても共通の扱いを行うようなサービスであり，機械的処理が可能であるならばマニュアルを精緻化すれば対応可能となるのに対して，個別の顧客ごとに扱いを変える必要があるようなサービスの場合は，きわめて高度なサービスということになる．

　また，製造業の場合には，大ロットの場合には規模の経済が生じるが，サービスの場合には規模の経済は必ずしも生じない．サービス提供者が顧客に対して個別に対応する必要があるために，従業員数が減少するわけでもなければ，サービスに伴う資材についての規模の経済が生じるわけでもない．サービスノウハウが少ないために従業員の訓練の度合いが比較的少なくてもよいという程度の違い程度しか生じない．

　むしろ，サービスの場合には顧客に対するサービスプログラムが事前に多く準備できているだけではなく，多様なサブプログラムを使い分け，さらにはその場で修正する必要がより高く，結果的には規模の経済はほとんど働かない．むしろ，ルーティンプログラムでの対応が可能であることでサービスの質が必ずしも高くないことがコスト低下の要因となっている．

基本的には，顧客ごとにカスタマイズされたサービスプログラムを蓄積していくことでサービスが高度化するという状況を生み出すことが高度サービスの要件となる．さらに，このことは既にソフトウェアに限定されず，具体的な形を取った製品の場面に拡張されつつある．さまざまな領域で，特定ユーザーに適合するソフトウェアやハードウェア，また，素材を提供するという業務をソリューションビジネスと呼んでいるが，ソリューションビジネスは基本的にこの形態を取っている．

例えば，キーエンスという企業は，センサーを作っているために製造業に区分されるが，同社はセンサーを売るよりも，センサーを組み合わせて製造システムをいかに効率的に運用するかというノウハウを売っている．具体的には工場の生産システムの設計とそのために必要なセンサーを販売するわけだが，センサーを単体で売るのではなく，センサーシステムとして，また，具体的な工場のラインとして売っている．このために，実質的にはクライアント企業が必要とする製造過程そのものを売ることになる．キーエンスは一時期売上高利益率が50％を超えていたとされているが，高収益はモノではなく，ソフトウェアを伴うシステムを販売することで可能となっている．

また，日東電工はファインケミカルの企業であるが，化学素材を用途に合わせて提供する．製品としては，半導体を封入する樹脂などがあるが，その半導体素子が用いられる環境に適合するような素材を提供する．振動や温度などの条件に加え，耐用年数などを含めて，適当な樹脂を探し出し提供する．同社に蓄積された物質についてのノウハウが高収益を生み出す要因である．

サービスという概念が単に用役の提供という意味を超えて，さまざまな知識をハードウェアにバンドリングするという意味に変化していることは明らかであるだろう．これをさらに理論化するための努力が蓄積されつつある．

第4章
ORの視点から見たサービスサイエンス
～待ち時間の数理と心理～

4.1 はじめに

　工業社会では，いろいろなモノを作る技術を研究する工学が役に立った．大学の工学部や企業における製品の開発，製造（モノつくり）技術の革新・カイゼンにより，モノの機能・品質・生産性は極限にまで向上してきた．これに対して，サービスは「勘と経験」「結果オーライ」で行われ，科学的アプローチが未発達であり，（特に，我が国のサービス産業について）生産性が低いと言われている．製造業においては，部品展開に基づく製品の原価計算法や品質管理技法が確立されているのに対して，サービスでは，生産性の測定や算出法さえ明確ではない（モノでもサービスでも，持続可能な事業には「原価＜価格＜価値」という不等式を作り込むことが必要である [1]）．社会経済の重点がサービスに移った今，サービスの生産性向上とイノベーションの方法を科学的に研究し，その知識と技術を身に付けた人材を育成することが，国の経済的発展に不可欠であるとの認識が広まるにつれ，数年前から，サービスサイエンス（科学），サービス工学，Services Sciences, Management and Engineering (SSME) などと呼ばれる分野の研究と人材育成を目指す動きが多くの国で始まった．我が国においても，第3期科学技術基本計画（平成18年3月閣議了承）において，人文・社会科学と自然科学との知の統合によるサービスのイノベーションが謳われて以来，サービス産業の振興や人材育成に関わる諸策が実施され，諸学会でも研究部会が開かれている．

　提唱されてから，わずか数年の努力で多様なサービス分野の革新を一気に実現することはもともと望むべくもなかったが，これまでのサービス科学が充分な成果を生み出しているとは言い難い．その理由として，(1)「サービス・イノ

ベーションは経済成長をもたらし，社会を豊かにする」という前提が明確な経済モデルにより理論的に裏付けられていない，(2) サービス分野において，従来の「モノつくり」とは異なる新たな科学的・工学的アプローチによるサービス・システムの設計思想が確立されておらず，サービス現場の実務者が使えるサービス効率改善のソフトウェアも普及していない，という2点が挙げられる（岡田幸彦・筑波大学准教授）．サービス分野において統一した設計思想（アーキテクチャ）に基づくシステムを実装するという点で，サービス科学は，20世紀半ばから発展したコンピュータ・サイエンスに例えられる．コンピュータのオペレーティング・システム (OS) は，中央演算装置や入出力装置をバランスよく稼働させることにより，システムとして使いやすく最大の性能が出るように設計された．ヒトを対象とするサービスにおいては，顧客が生産プロセスと価値の創造に本質的に関わることから，「サービス・システムのOS」は，サービス提供効率の最適化により，受け手（顧客）と提供者（従業員）の双方に価値（満足感）をもたらす仕組みでなければならない．

初期のコンピュータの設計にはフォン・ノイマン (1903–1957) ら最高の数学者が関わり，現在ではiPadに代表されるヒトに優しいインターフェースが歓迎されているのと同様に，我々は，数理科学のアルゴリズムを駆使した経営資源の最適割当て（効率性の追求）により，顧客と従業員の満足度向上を実現（効果性を追求）するサービス・システムの設計方法を研究開発することが必要であると考える．同時に，コンピュータの OS がユーザーからのフィードバックを得て進化したように，従業員と顧客の満足度を測定・分析し，設計にフィードバックする循環進化型のシステム開発が，実践的サービス科学の研究方法であると思われる．

4.2 ヒトと設備が関わるサービス・システム

前節では，サービスを一般に「経営資源を最適に運用して，受け手（顧客）と提供者（従業員）の双方に価値（満足感）をもたらす活動」ととらえ，サービス科学の課題は，多様なサービス分野に共通する「顧客・従業員満足と経営資源有効利用のトレードオフ」を解決する設計思想（アーキテクチャ）とシステムの実装であると論じた．

4.2 ヒトと設備が関わるサービス・システム　45

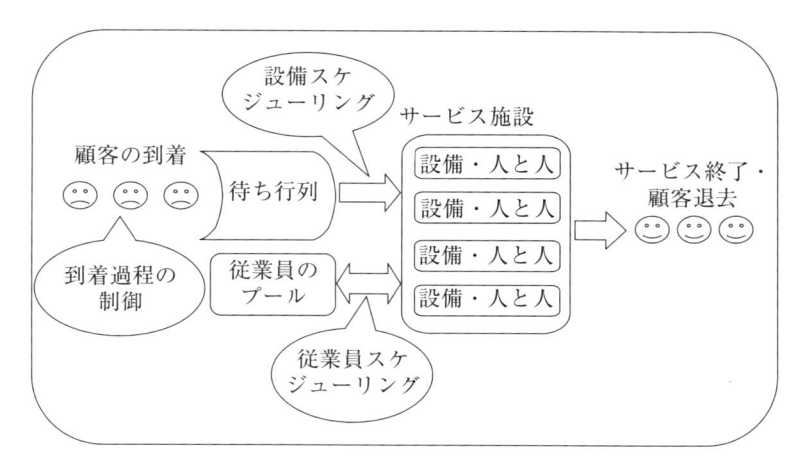

図4.1　ヒトと設備が関わるサービス・システムの汎用モデル

　サービス・システムは，情報システムのようにヒトがサービスにリアルタイムで関わらないシステムも多いが，ここでは，ヒトと設備が関わるサービス・システムの汎用モデルを図 **4.1** に示す．

　サービス施設では，ヒト（従業員）が設備を使ってサービスを提供する．ヒトと設備（経営資源）は無限にあるわけではなく，それらを備えておくためにはコストがかかるので，有限である．提供されるサービスを受けるために，外部からヒト（顧客）がやってくる．各顧客にサービスを与えるためには，従業員と設備を必要な時間（サービス時間）だけ割り当てなければならないが，それらが足りない場合は，顧客はサービスの提供を待つことになる．待合室で待っている顧客の集団を「待ち行列」と呼ぶ．待合室の収容能力も有限である．従業員とサービス設備に空きができると，待っている顧客のうちの1人を選んでサービスを始めるが，通常，同一のサービスを受ける客は先着順に選ばれる．サービスを終了した顧客は，サービス施設から退去する．有限の従業員と設備を顧客に効率よく割り当てるためには，それらの適切なスケジューリング（勤務・稼働時間割当ての作成）が必要である．

　ヒトが関わり設備を使う多くのサービス・システムは，図 **4.1** のモデルに当てはまる．簡単な例は，スーパーマーケットのレジである．コーヒーショップでは，飲み物を注文するときにはカウンターをサービス設備として従業員が注

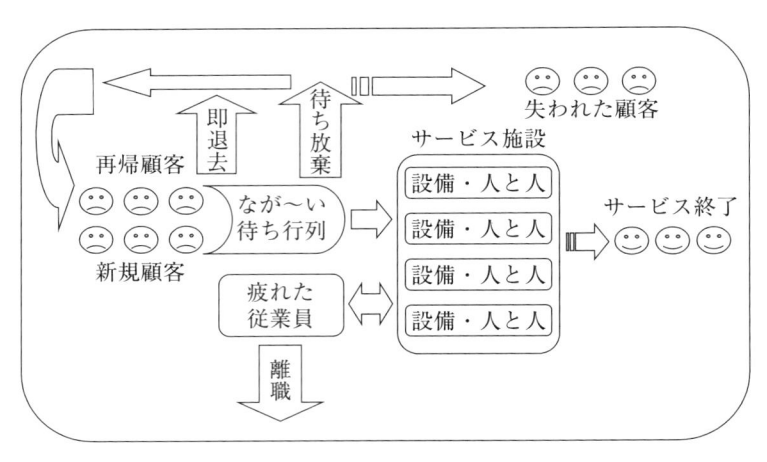

46　第 4 章　OR の視点から見たサービスサイエンス〜待ち時間の数理と心理〜

図 4.2　混雑したサービス・システム

文を受けるが，飲み物を受け取った後は，客の座るテーブルがサービス設備で，従業員はほとんど関与しないことになる．また，病院システムでは，患者が顧客，診察室・手術室・病床がサービス設備，医師・看護師・医療技術者等が従業員となって，診療・手術・治癒・リハビリ等のサービスを受けるが，内部の管理は非常に複雑である．

　サービス施設に十分な従業員と設備がある場合には，上記のようなサービスがスムースに行われるが，顧客の需要（到着率×サービス時間）に対して施設の供給能力が十分でない場合には，システム全体が混んだ状態になる．これを「輻輳(ふくそう)」と呼ぶ（図 4.2）．システムが混んでくると，サービス施設内の従業員と設備の空き時間が少なくなり，待合室にいる顧客を取り込む機会が減るので，待合室には多くの客が溜まる（待ち行列が長くなる）．待合室が満杯のときに到着する顧客は待合室に入れないし，そうでなくても，あまり多くの人が待っているのを見たら，行列に並ばないだろう（「行列ができるラーメン屋」のように，長い待ち行列があるのは料理がおいしい証拠であると考えて，むしろ並ぶ人もある）．待合室に入って待っている顧客でも，待ち時間が長いと待つことをあきらめて離脱することがある．初めから行列に並ばなかったり，待っている途中で離脱した顧客は，ある程度の時間が経ってから再びやってくるかもしれない．そのような再帰顧客と新規顧客が混在してシステムに到着するので，到着率が

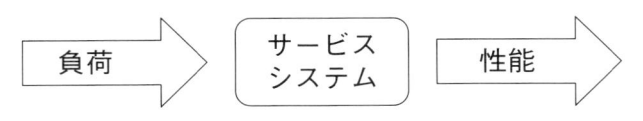

図 4.3　サービス・システムの負荷と性能

ますます高まる．コールセンターなどでは，長く待たされた客は，開口一番に文句を言うので，サービスにかかる時間がますます長くなる．サービスを提供する側の従業員の勤務状態にも配慮が必要である．長時間労働と顧客のクレームに疲れた従業員は，仕事の効率が悪くなったり，離職する割合が高くなる．

4.3　サービス・システムの定量的マネジメント

本節では，ヒトと設備が関わるサービス・システムを運用する場合の定量的管理を紹介する．このような考えは，サービス・マネジメントの教科書に述べられている [2], [3]．

きわめて一般に，何かを処理する「システム」には，それに対する「入力」（需要，負荷などと言ってもよい）と，それが生み出す「出力」（供給，性能などと言ってもよい）という3つの要素がある（図 4.3）．そこで，経営・運営上の問題は，これらのうちの2つが与えられたときに，残りの1つを決定することである．従って，3通りの問題設定が考えられる．まず，システムとそれに対する負荷が与えられたとき，どのような性能が出るかを計算するのが「解析」（analysis）である．また，所与の負荷に対して，望む性能を生み出すために必要なシステムを考案するのが「設計」（design）である．最後に，システムを変えることができない場合に，望むだけの性能を出すために負荷を調整するのが「制御」（control）である．例えば，高速道路の経営者が，既存の道路に流入するクルマの量から，道路の混み具合や目的地に着くまでの時間を考察することは，道路の性能分析である．また，クルマの流量とそれぞれのクルマが目的地まで到達するのに要する時間を保証するために，道路の車線の数を決めることは，道路の設計である．最後に，既設の道路を走るクルマに到着時間を保証するために混雑緩和を目指して，道路の入り口を閉鎖するとか間欠的にゲートを開くことは流入制御である．コールセンターを例に取り，システムの負荷と性

表 4.1 コールセンターの運用課題

課題	負荷	システム	性能
課題	・コール到着率 ・通話時間 ・許容待ち時間 ・後処理時間	・通信回線 ・オペレータ ・音声自動応答装置	・話し中確率 ・待合せ放棄率 ・待ち時間 ・回線使用率 ・オペレータ稼働率
解析	与えられる	与えられる	求める
設計	与えられる	求める	与えられる
制御	求める	与えられる	与えられる

能の観点から整理した運用課題を表 4.1 に示す.

　サービス・システムの運用には，コールセンターを例にとって表 4.2 に示すようなトレードオフ (trade-off,「あちらを立てれば，こちらが立たず」という関係) が存在する．経営者にとっては，せっかく投資したシステムの設備はできるだけ稼動してほしい．これを「効率優先システム」と呼ぶ．コールセンターの経営者は，通信回線の数やオペレータの人数のような経営資源は，顧客の要望に応えられる限り最小限に押さえ，それらの稼働率を向上させて経営資源の有効活用を図る．しかし，このようにすると，システムが混雑しがちになるので，ランダムに到着する客の待ち時間が長くなり，顧客満足度が下がる．一方，顧客満足度の向上のために，客の待ち時間を減らそうとすると，多くの経営資源を投入しなければならない．これは，サービスの「品質優先システム」である．これらの 2 つのシステムでは，目指す性能の目標とその結果が相反関係（トレードオフ）になる（表 4.2）．システムの経営者としては，効率優先か品質（顧客満足）優先かを経営目標に合わせて意思決定することになる．

　サービス・システムでは，表 4.1 に示した「解析」に相当する問題を「性能評価」(performance evaluation)，「設計」の問題を「キャパシティ・プランニング」(capacity planning)，「制御」の問題を「イールド・マネジメント」(yield management) という．キャパシティ・プランニングは，顧客の需要に応じてサービス施設の能力（例えば，サービスに当たる従業員の数）を変更しやすい場合に適用される．例えば，コールセンター，レストラン，美容院等では，毎日予測される顧客の数に応じて，それぞれ，勤務するオペレータ，給仕，美容

表 4.2　コールセンター運用のトレードオフ

	性能尺度	効率優先システム	品質優先システム
目標	話し中確率	高い	低い
	待ち放棄率	高い	低い
	待ち時間	長い	短い
	回線使用率	高い	低い
結果	運用コスト	少ない	多い
	顧客満足度	低い	高い

師等の数を決めることが（雇用契約などを別にすれば）可能である．一方，ホテル，飛行機の客室，遊園地，駐車場のような固定したサービス設備の運営においては，設備の利用率を上げるために，顧客の到着過程を（料金の調整・予約制度等により）制御するというイールド・マネジメントが有効になる．

　イールド（yield）とは，供給能力1単位当たりの平均収入額を意味する．イールド・マネジメントとは，イールドを最大化して収益を上げる諸方策のことである．従って，最近では，「レベニュー・マネジメント」(revenue management) とも呼ばれる．いつどこで買っても同じ定価が付いているモノとは異なり，サービス設備の使用料金は固定ではない．ある日のホテルの客室は，その日に宿泊客がいなければ収益が出ないので，半額料金であっても泊まり客がある方がよい．従って，観光地のホテルの料金は，観光シーズンと閑散期で異なるし，ビジネスホテルの料金は，週末の前日は安く設定されている．また，顧客からのサービス設備の使用要求があるとき，先着順にすべての要求量を割り当てるのは得策ではない．例えば，ホテルの部屋を格安料金で大口のツアー・グループの予約に割り当てると，後から来た正規料金でも泊まりたいビジネス客の予約を受けられなくなる可能性がある．このように異なる顧客セグメントからの変動の大きい需要に対して，過去のデータ・当日の傾向・将来の予測に基づいてサービス供給能力の配分を行うことは，場所と時間に関する資源の確率的動的最適配分の問題であり，高度な数学理論と計算アルゴリズムに基づくシステム開発が研究されている．

　上において，顧客満足度と施設稼働率の向上はトレードオフの関係にあり，両立は難しいと述べた．これを両立させるのが「予約システム」である．予約

(reservation) とは，顧客が要求するサービスに必要な設備とヒトを使う時間を，提供者が約束することである．我々は，飛行機，ホテル，レストラン，床屋，歯医者などに予約を取り，サービスが提供される直前にその場所に着くように見計らって出かける．そうすることで，あまり待たずにサービスを受けることができる．予約システムは，サービス施設の経営者と顧客の双方にとって，以下のような効用がある．

- 経営者としては，顧客の到着が予測できるので，財務計画・従業員配置計画を立てやすい．
- サービス施設への負荷を平準化することで，施設の混雑を避けることができる．
- 顧客に対し，サービスが確実に提供されるという安心感を与える．
- 顧客がサービスを待つために，物理的に行列に並ぶ必要（待ち時間の苦痛）がない．
- 待合室のスペースを節約できる．

予約システムが成功する鍵は，予約した客だけが予約した時間にやってくることである．ホテルや飛行機のように，多くの顧客に同時にサービスを提供する施設では，経営者は，予約した顧客はある割合で現れないことを経験的に知っているので，それを見越してサービス設備の供給能力を超える数の顧客に予約を与えることがある．これをオーバーブッキング (overbooking) という．従って，問題が起こるのは，予約した時刻に顧客が現れない (no show) ときと，オーバーブッキングにより予約を与えた客がみんな来てしまい，サービス設備が足りなくなるときである．このような問題には，次のような対処をしている．

- 予約金（前払い金）を取るなどして，予約のキャンセルを少なくする．
- 客が予約した時刻に現れないときは，一定時間後に予約を取り消して，(キャンセル待ちをしていた) 他の顧客に使用させる．
- オーバーブッキングのためにサービスが受けられない顧客には，満足のいく補償をする（飛行機会社では，孫に会いに行くというような緊急の用事ではない乗客を募り，次の便に乗ってくれる人に特典を与えたりしている）．

4.4 待ち時間の数理

サービスを提供する施設において，サービスを受けるためにやってくる客の需要がサービス供給能力を超えるとき，「待ち行列」(waiting line, queue) が発生する．これは日常茶飯事に起こることであるが，この現象を 1910 年代に最初に数学的モデルとして解析したのは，いずれも普及が始まった当時の電話会社に勤務していたデンマークの Agner Krarup Erlang (1878–1929) とノルウェーの Tore Olaus Engset (1865–1943) である．その後，数学的に確率過程として研究が進むとともに，生産システムや計算機通信ネットワーク等への応用にも後押しされて，現在では，「待ち行列理論」(queueing theory) と呼ばれる，オペレーションズ・リサーチの中の一大分野となっている．

本節では，待合せ放棄のある待ち行列モデルについて，4.3 節で述べた「解析」と「設計」を紹介する．このモデルは，待ち行列理論の入門書に現れる Poisson 到着，指数分布サービス時間，複数サーバという，いわゆる「M/M/m 待ち行列」(「Erlang-C モデル」とも呼ばれる) において，「待合室にいる客が待ちきれなくて待合せを放棄することがある」という要素を追加したモデルである．このようなモデルは (Engset も考えていたが)，スウェーデンの Conny Palm (1907–1951) が 1937 年に解析した．以下に一端だけを紹介するモデルの解析は，1964 年に英訳が出版された Gnedenko と Kovalenko の本 [3] に示されているが，日本語の成書等にも説明されている [4-6]．後で紹介する「設計」に使われる漸近解析は，Halfin と Whitt [7] が M/M/m について最初に示し，Garnett ら [8] が待合せ放棄のある M/M/m に拡張したものである．

ここで解析するサービス・システムの待ち行列モデルを図 4.4 に示す．システムは複数のサーバをもつサービス施設と待合室から構成されている．サービスを受けようとやってくる客は，もし空いているサーバがあれば，直ちにサービスを受けることができるが，すべてのサーバが稼働中なら，待合室で待たされる．待っているうちに辛抱できなくて，待合せを放棄することがある．サービスが終わった客はシステムから退出する．これは，コールセンターの待ち行列モデルとして，よく用いられるものである．

このモデルを数学的に解析するために，次のようなパラメタを与える．

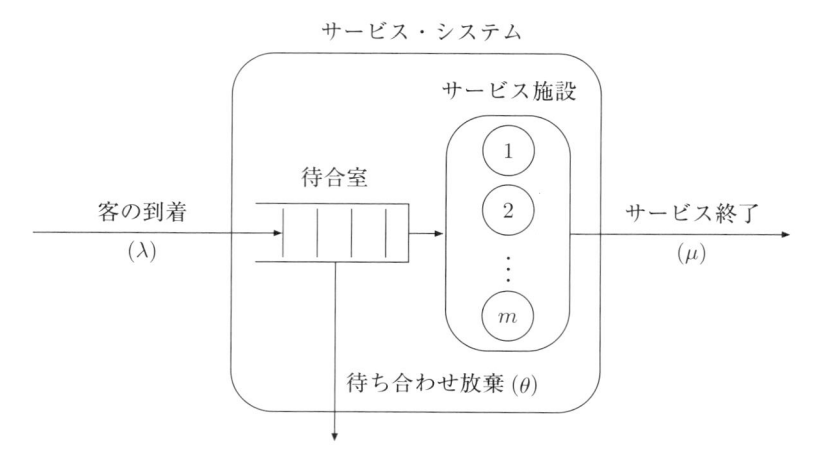

図 4.4　待合せ放棄のある待ち行列モデル

- 客の到着は，1 分当たりの到着数（到着率）が λ 人であるような Poisson 過程とする．
- 客のサービス時間は，平均が $1/\mu$ 分の指数分布に従う．
- サーバの数は m である．待合室の容量は無限大とする．
- 待合室にいる客が辛抱して待てる時間は，平均が $1/\theta$ 分の指数分布に従う．

このようなモデルにおいて，システム内にいる客の数を $N(t)$ で表すと，確率過程 $\{N(t); t \geq 0\}$ は 1 次元出生死亡過程となり，平衡状態における確率分布

$$\mathrm{P}_k := \lim_{t \to \infty} \mathrm{P}\{N(t) = k\} \qquad k = 0, 1, 2, \ldots$$

は，確率の流れについての釣り合いの方程式

$$\lambda \mathrm{P}_{k-1} = k\mu \mathrm{P}_k \qquad\qquad 1 \leq k \leq m,$$
$$\lambda \mathrm{P}_{k-1} = [m\mu + (k-m)\theta]\mathrm{P}_k \qquad k \geq m+1$$

と確率の規格化条件

$$\sum_{k=0}^{\infty} \mathrm{P}_k = 1$$

を満たす．この解は簡単に見つけることができて

$$\begin{aligned}
\mathrm{P}_k &= \mathrm{P}_0 \frac{\rho^k}{k!} & 0 \leq k \leq m, \\
\mathrm{P}_{m+k} &= \mathrm{P}_0 \frac{\rho^m}{m!} \cdot \frac{(\rho/m)^k}{\prod_{j=0}^{k}(1+j\xi/m)} & k \geq 0
\end{aligned}$$

である．ここで，$\rho := \lambda/\mu$ および $\xi := \theta/\mu$ と定義する．また，P_0 は

$$\frac{1}{\mathrm{P}_0} = \sum_{k=0}^{m-1} \frac{\rho^k}{k!} + \frac{\rho^m}{m!} \sum_{k=0}^{\infty} \frac{(\rho/m)^k}{\prod_{j=0}^{k}(1+j\xi/m)}$$

で与えられる．

到着する客は，もし到着時にすべてのサーバが稼働中であれば，待合室で待つことになる．そのようなことが起こるのは，システム内に m 人以上の客がいるときである．Poisson 到着過程は，到着時におけるシステム内客数の確率分布が任意時刻におけるシステム内客数の確率分布と同じであるという便利な性質 (PASTA: Poisson Arrivals See Time Averages) があり，後者は上の $\{\mathrm{P}_k; k=0,1,2,\ldots\}$ で与えられるので，到着する客が待つ確率は

$$\begin{aligned}
\mathrm{P}\{W>0\} &= \sum_{k=0}^{\infty} \mathrm{P}_{m+k} = \mathrm{P}_0 \frac{\rho^m}{m!} \sum_{k=0}^{\infty} \frac{(\rho/m)^k}{\prod_{j=0}^{k}(1+j\xi/m)} \\
&= \frac{\dfrac{\rho^m}{m!} \displaystyle\sum_{k=0}^{\infty} \dfrac{(\rho/m)^k}{\prod_{j=0}^{k}(1+j\xi/m)}}{\displaystyle\sum_{k=0}^{m-1} \dfrac{\rho^k}{k!} + \dfrac{\rho^m}{m!} \displaystyle\sum_{k=0}^{\infty} \dfrac{(\rho/m)^k}{\prod_{j=0}^{k}(1+j\xi/m)}}
\end{aligned} \quad (4.1)$$

ということになる．

この結果をグラフに書いてみよう．簡単なシステムを考え，$m=5$ 人のサーバがいて，1 人の客の平均サービス時間が $1/\mu = 1$ 時間であるとする（街の中の個人営業の美容院程度のサービス施設である）．このとき，横軸に $\rho = \lambda/\mu$（無次元）を取り，サービス時間と辛抱できる時間の比 $\xi := \theta/\mu$ が 1, 0.1, 0.01 という 3 つの場合に，縦軸に待つ確率 $\mathrm{P}\{W>0\}$ を描くと，**図 4.5** のようになる．サーバの人数と客 1 人当たりの平均サービス時間が変わらずに，客の到着率が増える（ρ が増える）と，すべてのサーバが稼働している確率が上がるので，客が待つ確率は上昇する．これが，グラフが右上がりになっている理由で

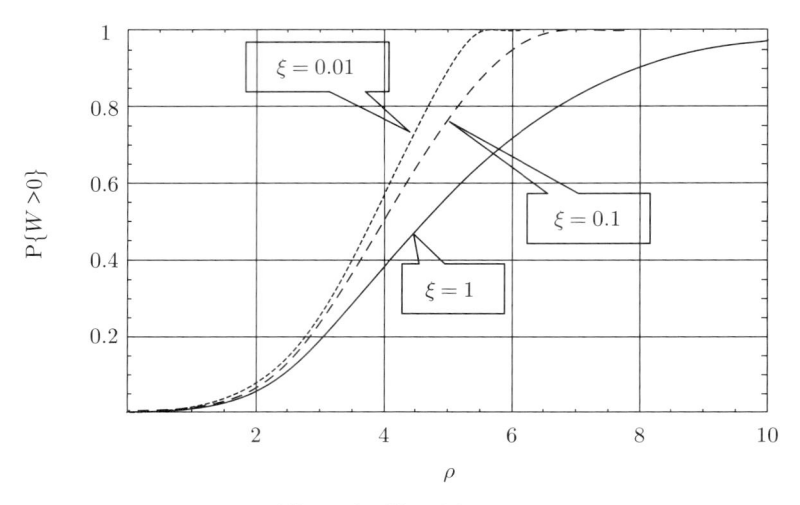

図 4.5　到着する客が待つ確率 ($m=5, \mu=1$)

ある．しかし，右上がりの程度は，ξ の値に依存する．辛抱できない客が多い場合（図 **4.5** で ξ が大きい場合）は，待合室にいる客がサービスを受けずに出て行く傾向が高まり，サーバへの負荷が減って，その結果，待つ確率はあまり大きくならない．逆に，辛抱強い客が多いと（図 **4.5** で ξ が小さい場合），サーバは到着した大部分の客にサービスしなければならず，従って，新たに到着する客が待たされる確率が上がることが分かる．

客 1 人当たりのサービス時間が一定の場合，到着率が増える（ρ が増える）ときに，サーバの数 m を変えなければ，$\rho \geq m$ になった時点で，サービス施設は到着する客をさばききれなくなり（1 時間に到着する客のサービス時間の総和が1 時間以上になる），待合室に客が溢れてしまうので，待つ確率は 1 となる（図 **4.5** で $\xi=0.01$ の場合，$\rho=5$ の近くで $\mathrm{P}\{W>0\} \approx 1$ になっている）．それでは，$\rho = \lambda/\mu \to \infty$ のとき，同時にサーバの数 m も増やすことにより，待つ確率 $\mathrm{P}\{W>0\}$ を 0 と 1 の間の望ましい値に保つためには，m をどのように増やせばよいのだろうか？　これは，顧客満足度の設定に基づいてサービス施設の供給能力を決めるという設計（キャパシティ・プランニング）の問題である．

この問題は，ξ が与えられているとき，それぞれの ρ の値に対して，指定された待つ確率 $\mathrm{P}\{W>0\}$ を与えるような m の値を，(4.1) 式から数値計算する

ことで解決する．実際，$P\{W>0\}$ は m の単調減少関数である（サーバの数が増えると待つ確率は低くなる）ので，この数値計算は難しくない．しかし，いちいちコンピュータを動かさずに，目安が得られる簡単な方法がある．Garnettら [8] は，ある定数 β を用いて

$$m \approx \rho + \beta\sqrt{\rho} \tag{4.2}$$

のように，ρ の増加に応じて m を増やすと仮定した．そうすると，待つ確率の逆数

$$\frac{1}{P\{W>0\}} = 1 + \frac{\sum_{k=0}^{m-1}\frac{\rho^k}{k!}e^{-\rho}}{\frac{\rho^m}{m!}e^{-\rho}\cdot\sum_{k=0}^{\infty}\frac{(\rho/m)^k}{\prod_{j=0}^{k}(1+j\xi/m)}}$$

に現れる Poisson 分布を平均 ρ，分散 ρ の正規分布により近似することにより

$$\sum_{k=0}^{m-1}\frac{\rho^k}{k!}e^{-\rho} \approx \Phi(\beta) \quad;\quad \frac{\rho^m}{m!}e^{-\rho} \approx \frac{\varphi(\beta)}{\sqrt{m}} \qquad \text{ただし}\quad \beta = \frac{m-\rho}{\sqrt{\rho}}$$

であることが分かる．ここで，$\Phi(x)$ と $\varphi(x)$ は標準正規分布の分布関数と密度関数である．

$$\Phi(x) := \frac{1}{\sqrt{2\pi}}\int_{-\infty}^{x}e^{-\frac{1}{2}t^2}dt \quad;\quad \varphi(x) := \frac{d\Phi(x)}{dx} = \frac{1}{\sqrt{2\pi}}\exp\left(-\frac{1}{2}x^2\right)$$

さらに，少し複雑な計算により

$$\sum_{k=0}^{\infty}\frac{(\rho/m)^k}{\prod_{j=0}^{k}(1+j\xi/m)} \approx \sqrt{\frac{m}{\xi}}\,\frac{1-\Phi\left(\beta/\sqrt{\xi}\right)}{\varphi\left(\beta/\sqrt{\xi}\right)}$$

であることが分かる．その結果，ハザード関数

$$h(x) := \frac{\varphi(x)}{1-\Phi(x)} \qquad -\infty < x < \infty$$

を用いると，待つ確率の漸近形を

$$P\{W>0\} \approx \frac{h(-\beta)}{h(-\beta)+\sqrt{\xi}\,h\left(\beta/\sqrt{\xi}\right)} \tag{4.3}$$

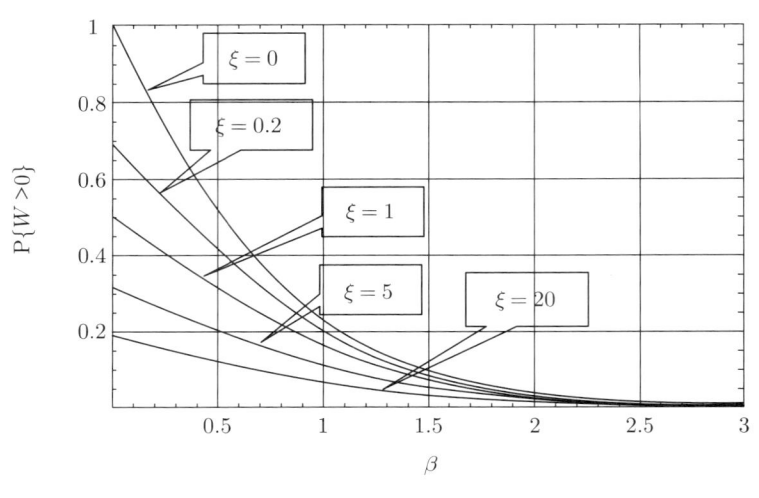

図 4.6 Garnett の関数

と表すことができる（この近似は ρ が大きいほど相対的誤差が少ない）．これを「Garnett の関数」と呼び，β の関数としてグラフに表したのが図 4.6 である．

図 4.6 から，たとえば $\xi = 0.2$（客が待つことを辛抱できる平均時間が平均サービス時間の 5 倍）というような場合では，もし待つ確率が 40% でよければ $\beta = 0.5$ として (4.2) 式に従って m を増やせばよいし，もし待つ確率を 20% にしたいなら，$\beta = 1$ としなければならない（もっと大きな m が必要になる）ことが分かる．

一般に，ρ の増加に対して，m を

$$m \approx \rho + \beta \rho^q \qquad 0 < q < 1$$

のように増やすとするとき，もし $0 < q < \frac{1}{2}$ ならば，$\rho \to \infty$ のとき，$P\{W > 0\} \to 1$ となる．これは，客の需要増に対してサーバの増やし方が足りないので，サーバの稼働率が上がり，サービス施設は効率的に使われるが，客は常に待たされるという「効率優先方式」(efficiency-driven regime) である．また，もし $\frac{1}{2} < q < 1$ ならば，$\rho \to \infty$ のとき，$P\{W > 0\} \to 0$ となる．これは，客の需要増に対してサーバを過分に増やすので，客が待つ確率が 0 となり，客に対するサービス品質が向上するという「品質優先方式」(quality-driven regime) である．そして，(4.2) 式のように，もしちょうど $q = \frac{1}{2}$ とすれば，パラメタ β の値を適当に選ぶ（選び方は，図 4.6 に示されているように ξ に依存する）ことで，$\rho \to \infty$ のときに P$\{W > 0\}$ を 0 と 1 の間の望みの値に保つという「効率と品質が釣り合う状況」(quality and efficiency-driven regime = QED) を実現することができる (quod erat demonstrandum「証明終わり」に引っ掛けている)．

(4.2) 式において，$m \approx \rho$ は，サービスの需要を満たす最低限のサーバ数を供給する状況である（このとき，到着する客はいつも待たされるが，いつかはサービスされる）．サーバの数をそれよりも ρ の平方根に比例する数だけ余分に増やすことで，到着する客が待つ確率を経営の観点から望む値に維持できるということが分かった．

以上の理論では，「到着する客が待つ確率」という顧客満足度のみについて考察したが，得られた確率分布 $\{P_k\}$ からは，待合室にいる平均客数，待合せ放棄率，客の平均待ち時間等も簡単に計算できる．そして，さらに詳しい解析により，サービスを受ける客が待つ時間の確率分布や，t 分待った客が待合せ放棄する確率等も算出することができる．モデル自体を少し変えて，待合室の容量が有限であるモデルや，客が有限の母集団から到着するモデルについても，上と同様の解析が可能である．さらに，客が辛抱できる時間が指数分布に従うという仮定を緩和して，一般分布でよいとするモデルの厳密な解析も可能である．しかしながら，これらの拡張モデルでは，(4.2) 式のような簡明な設計法則が得られてはいない．

4.5 待ち時間の心理

サービスを受ける顧客の満足度は，サービス自体とともに（むしろそれ以上に）サービスを受けるために待った時間に大きく依存する．現代人には「待ち時間は人生の中の無駄な時間」という感覚があるからである．待ち時間の絶対値は，需要と供給の関係から数理的に決まるものである．従って，サービス・システムの経営者は，待ち時間の最適化を図るとともに，結果として生じる待ち時間を客ができるだけ苦痛に感じないようにすることに砕身することになる．

サービス・マネジメント分野では，待っている人の心理を分析し，待ち時間を苦痛に感じさせない工夫が研究・実践されている．コンサルタントのMaister [9] は，待ち時間に関する心理と，それに対応するために顧客が待ち時間を短く感じる対策の例を8個挙げているが，LoverockとWirtz [3] ではそれに2つの例を追加して，以下のような「待ち時間の心理学：10の原理」を示している．

(1) 無為に過ごす待ち時間は，より長く感じる．
医療クリニックの待合室に雑誌，テレビ，子供用のおもちゃ等を置く．より好ましいのは，診療に関係のある情報提供や，血圧測定器等を置くことである．レストランで席が空くまでの間に，バーに通して簡単な飲み物を出す（これは売上増加にもつながる）．または，料理の注文を取っておく．テーマパークでは，人気キャラクターや音楽隊が巡回してくる．コールセンターでオペレータにつながるのを待っている間に，スポーツ中継を聞かせる．飛行機の搭乗を待っている間に，ラウンジでインターネットに接続できる．これらは，待ち時間を無為に過ごさせない工夫である．

(2) サービスの前後の待ち時間は，より長く感じる．
テーマパークで入場券を買うために待つことは苦痛であるが，入場したあと大人気のジェットコースターに乗るのを待つときは期待に胸が膨らんでいる．レストランで食事の最後にウエイターがデザートを持って来るのを待つときと，食事が終わったあと清算伝票を持ってくるのを待つときの気持ちでは違いがある．病院では，診察の順番を待つのはしかたがないと思うが，診察が終わったあとの会計でさらに待たされるのはやりきれない．

(3) 不安は，待ち時間を長く感じさせる．
レストランで，自分の注文した料理が忘れられているのではないかという不安を感じる．スーパーマーケットのレジや，空港での入国審査のとき，「自分が並んだのとは別の列がいつも自分の列よりも速く進む」と感じる．

(4) 不確定な待ち時間は，より長く感じる．
どのくらい待てばよいのかが分からないと，待ち時間が苦痛である．東

京都や京都市のバスでは，バス停で，次のバスがどこまで来ているかが表示される．電車でもそのような例がある．また，観光スポットや人気の店舗に長い待ち行列ができているとき，その途中や最後に，そこからの推定待ち時間を示す立て札を出す．待ち行列を「蛇型」にして，行列の全体が見えるようにすれば，行列が進んでいることが分かる．

(5) 理由の分からない待ち時間は，より長く感じる．
筆者が，金曜日の夕方に，つくばの並木大橋で東京行きの高速バスを待っているとき，バスが時刻表のとおりに来ることはまずない．バスがなかなか来ないとき，道路が混んでいるのか，事故があったのか，間引き運転をしているのか，分からないので，待ち時間が長く感じられる．

(6) 不公正さは，待ち時間を長く感じさせる．
我々が待ち行列に並んでいるとき，最もいらだつ不公正さは，後から来た人が自分より先にサービスされることである．銀行の窓口で実践されているように，整理券を配って先着順（first-come, first-served）を保証することが重要である．Larson [10] は，待ち行列において先着順が守られないという「社会的不正」について，種々の考察を示している．サービスが先着順に行われないのは，次のような場合である．

・緊急性（病院では，救急患者が先にサービスされる．）
・短いサービス時間（アメリカのスーパーマーケットでは，買い物の数が少ない人だけが並ぶことができるエクスプレス・レーンがある．）
・高額の料金（飛行機に搭乗するとき，ファーストクラスやビジネスクラスの客がエコノミークラスの客よりも早く呼ばれる．）
・顧客の重要度（飛行機に搭乗するとき，マイレージクラブのメンバー会員，妊婦，障害のある客らが先に呼ばれる．）

(7) サービスの価値が高いほど，人は長く待つ．
おいしいレストランや高級レストランで食事をするときは，待ち時間が多少長くても我慢ができる．ファーストフードのレストランでは，食事がすぐに運ばれてこないといらだつ．人気の高い公演の切符を手に入れるために，喜んで徹夜で並ぶ人がいる．

(8) 独りで待つときは，待ち時間を，より長く感じる．

見ず知らずの人たちの中で待つとき，待ち時間は長く感じられる．友だちと一緒に並んでいれば，その間に話もできる．恋人どうしなら，一緒に待っていること自体が楽しいことで，むしろ長く続いてほしいと思うかもしれない．

(9) 不快・苦痛な待ち時間は，より長く感じる．
待合室を快適にする工夫が大事である．バス停に屋根を付けて風雨を避けられるようにする．待合室に冷暖房を入れる．航空会社では，マイレージクラブのメンバー会員に専用の待合室を提供する（例：スターアライアンス・グループのレッド・カーペット・クラブ）．

(10) 不慣れな場所で待つときは，待ち時間を，より長く感じる．
何度も行ったことがある場所で待つのは，様子が分かっているので安心である．初めて行った田舎の駅で，バスを待っているときなどは不安である．

4.6 おわりに

本章では，ヒトと設備が関わるサービス・システムの運用において，オペレーションズ・リサーチ (OR) の一分野である「待ち行列理論」が性能評価とシステム設計に関する定量的マネジメントの方法を与えることを示すとともに，OR に取り込まれていない「待ち時間の心理」に関するサービス・マネジメント分野の考察を紹介した．需要を制御するイールド・マネジメントにも 確率的最適化等の OR の手法が使われる．その他にも，サービス・システムの解析・設計・制御に役立つ伝統的な OR の手法には，以下のようなものがある．

- スケジューリング（時間割，従業員勤務日程，スポーツの試合日程等の作成）
- ランキング（優劣・頻度・重要度等の順位付け）
- サービス施設の空間的最適配置（郵便局，病院，銀行の支店等の地理的位置決定）

最近では，膨大なビジネスデータ（数字，テキスト，相互関係等）のマイニングに基づくビジネスモデルの最適設計を目指す "business analytics" も OR 分野で始まっている．

しかしながら，ORの研究者が，サービスサイエンスを，ORにおいて極限にまで発達した精密な数学的手法の応用分野として見ている限り，ORからサービスサイエンスへの貢献は期待できないだろう．なぜならば，サービスサイエンスの目的は，ORを含む数学や情報科学の応用の開拓ではなく，サービス産業（公共サービスを含む）における生産性向上とイノベーションに資する実践的研究開発と人材の育成であるからである．

大学の研究者が，サービス・イノベーションに貢献するにはどうすればよいか？ 第一に，研究のテーマを学術雑誌の中に探すのではなく，社会や産業界の中に探さなければならない．その際の目的は，対象組織の業務改革であり，理論の高度化を論文にすることではない．しかしながら，社会や産業界における現実問題の解決にチャレンジする中で，既存・既知の方法の不十分さがあぶり出され，結果として，学術的にも新しい方法が開発されて，研究の深化や拡張につながることがよく起こるのである．次に，公共組織や企業との連携では，相手組織の研究者や現場の担当者との対等な研究態度が重要である．会社に行って「私の持っている科学知識を御社の課題に適用してあげましょう」という「上から目線」を180度転換し，「課題を共同研究することにより，成果が出たら，御社はビジネスに活用し，私は論文に書いて，お互いに業績を挙げましょう」と提案する．それが可能となるには，普段から，学会のみならず業界や地域での活動を通じて，共通の問題意識や価値観を醸成しておくことが重要だろう．現場なくしてイノベーションはあり得ないことを肝に銘ずるべきである．

イノベーションに向けてのこのような協業形態は，Michael Gibbons [11] が「モード2の知的生産」と呼び，吉川ら [12] が「第2種基礎研究」と名づけたものに通ずると思われる．彼らによれば「モード1の知的生産」「第1種基礎研究」は，個々の専門領域の中で，独創的学術価値を求めて行われ，当該領域の専門家が業績を評価する従来型の研究である．これに対して，「モード2の知的生産」「第2種基礎研究」は，現代社会にとって重要な複合的課題について，大学や研究機関の専門家のみならず，企業の実務家，政府の政策担当者，NPOや地域社会の関係者等が協働する領域横断型の取り組みである．サービスサイエンスは，まさに，このような体制で推進することが必要であると思われる．

第5章

経済産業省における取り組み
～サービス工学の確立と普及に向けて～

5.1 はじめに

　この章ではサービスサイエンスに関連して，国のサービス産業振興政策の一環として経済産業省においてこれまで取り組まれてきたサービス産業横断政策の中から，特に科学的・工学的な手法に関連する取り組みについて述べる．

5.2 背景

　現在，サービス産業（第三次産業）は我が国の経済において雇用と GDP の約7割を担っている（**図 5.1**）．経済の発展に伴い経済活動の重点が農林水産業（第一次産業）から製造・加工業（第二次産業）を経てサービス産業へ移る現象は「ペティ＝クラークの法則」として知られており，実際に先進諸国において観察されている．このことから今後もサービス経済化の進展が予想され，サービス産業の重要性はますます高まるものと考えられる．

　政府も「新経済成長戦略」（2006 年 6 月閣議決定）において，これまで我が国の経済発展を支えてきた製造業とサービス産業とが「双発のエンジン」として経済成長を牽引する役割を果たしていくために，サービス産業の発展基盤を整備することが重要であるとの認識を示し，「サービス産業横断政策」を地域活性化戦略の一環に位置付けた．

　サービス産業横断政策において，特に科学的・工学的な取り組みに関連が深いのが，具体的施策の1つに挙げられた「サービスの生産性向上運動の推進」である．これは，(1) 過去に製造業で取り組まれたような生産性向上の国民運動をサービス分野において展開することを視野に入れ，その推進母体としてサービ

64　第 5 章　経済産業省における取り組み〜サービス工学の確立と普及に向けて〜

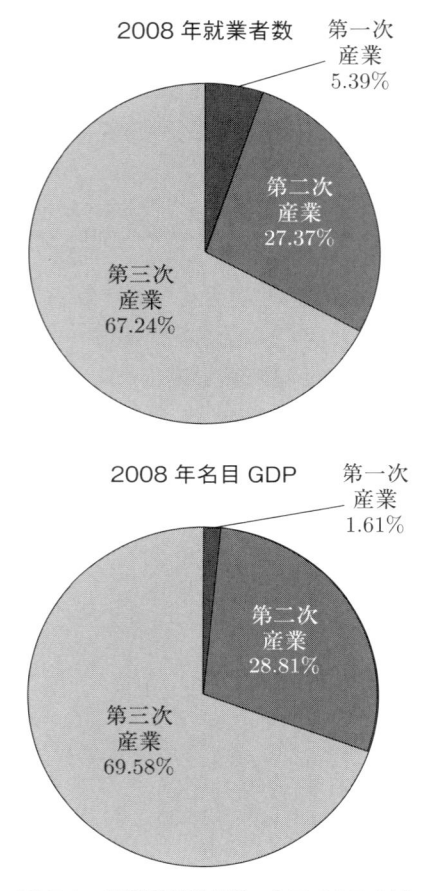

2008 年就業者数
- 第一次産業 5.39%
- 第二次産業 27.37%
- 第三次産業 67.24%

2008 年名目 GDP
- 第一次産業 1.61%
- 第二次産業 28.81%
- 第三次産業 69.58%

図 5.1　産業別就業者数，名目 GDP 割合
出典：国民経済計算より作成

ス産業生産性協議会を設置するとともに，(2) サービスの品質の計測手法を含めたサービス生産性研究，サービスの標準化やビジネスモデルの類型化等に関する研究，さらにはサービスに対する市場の潜在ニーズの可視化等を推進するための研究拠点を整備する，の 2 点を主な施策としていた．

　これらの施策をより具体化するために，経済産業省はウシオ電機株式会社代表取締役会長牛尾治朗座長をはじめ 10 名の有識者委員で構成された「サービ

産業のイノベーションと生産性に関する研究会」を立ち上げた．この研究会では約20名の有識者および約100名の企業関係者等のサービス産業の現場からの意見や様々な事例分析をもとに官民における具体的な取り組み内容について議論を進めた．その成果は2007年4月に「サービス産業におけるイノベーションと生産性向上に向けて」の報告書としてとりまとめられた．この報告書ではサービス産業におけるイノベーションと生産性向上に関する具体的施策として，科学的・工学的アプローチの拡大，サービス提供者と消費者をつなぐ仕組み作り，人材育成への取り組みなどが官民分担論を含めて網羅されている．これらの取り組みを通しての健全な市場環境整備が政策提言としてまとめられている．

次節では，この政策提言を受けて経済産業省において実施された具体的取り組みのうち，特に科学的・工学的な手法に関連が深いものを紹介する．

5.3 サービスの生産性向上運動の推進

5.3.1 サービス産業生産性協議会との連携

前節で述べた「サービス産業におけるイノベーションと生産性向上に向けて」報告書を受け，2007年5月，社会経済生産性本部（現日本生産性本部）内に「サービス産業生産性協議会」が設立された．以下ではサービス産業生産性協議会が経済産業省と連携して実施した取り組みについて代表的なものを紹介する．

サービス産業生産性協議会では，イノベーションや生産性向上に関する取り組みをサービス産業全体に喚起するために，先進的な取り組み事例を調査し，(1)科学的・工学的アプローチを活用した取り組み，(2) サービスプロセスの改善への取り組み，(3) サービスの高付加価値化への取り組み，(4) 人材育成への取り組み，(5) 国際展開への取り組み，(6) 地域貢献への取り組みの6種類において特に優れた取り組みを実施している企業・団体を「ハイ・サービス日本300選」として選定し表彰した．受賞企業による取り組み事例は多くの中小サービス企業における取り組みの参考となるように，サービス産業生産性協議会のウェブサイト上でも公開されている．現在，ハイ・サービス日本300選受賞企業の一部の代表者が発起人となって会を立ち上げ，民間におけるサービス生産性向上運動における重要な役割を担い始めている．また，経済産業省ではハイ・サー

ビス日本300選で収集された事例の分析を進め，中小サービス企業が自社で生産性向上に取り組むことができるように，取り組み手順を体系化し，現状分析のチェックシートと9テーマへの取り組みマニュアルの形にまとめた「業務改善標準」を2011年2月に策定し，ウェブサイト上に公表している．

　これとは別に，サービス産業生産性協議会は経済産業省と連携し，サービスの品質に基づく合理的な競争環境の整備を目指して，サービスの評価指標としての日本版顧客満足度指数（JCSI）の開発に取り組んだ．JCSIはアメリカ版顧客満足度指数ACSIを参考に，日本の顧客に対して信頼度高く測定できる質問項目の設定を中心に開発された．その特徴は，各企業の提供するサービスを利用者に「業界に依存しない共通の設問」で評価してもらい，それらを指数化することで，業界横断的な比較・分析を可能にしたことである．また，単なる顧客満足度指数だけでなく，顧客のサービス利用時に共通する心の動きのモデル（期待・不一致モデル：Expectancy Disconfirmation Model）に基づいて，なぜ満足／不満足となったかの原因と，満足／不満足がどのような影響をもたらすかの結果についても指数化し，それらの因果関係を示すことができることも大きな特徴である．現在，JCSIについてはサービス産業生産性協議会の自主事業として調査が進められており，調査結果の概要を公表するとともに，詳細な個別の評価データについては有償で公開している．これらの顧客満足に関する多面的な評価データを各企業が活用することで，個別の業界や企業の具体的な経営改善へつなげることが期待されている．その一方で，JCSIについては調査コストが高く，中小企業が容易に利用できないという指摘を受け，経済産業省は2010年度，JCSIの考え方を踏襲しつつ顧客満足度指数の調査に関わるコストを下げることで，中小サービス企業にとってより利用のしやすい調査の仕組みとして中小サービス評価診断システム（SES）の開発に取り組んだ．SESについては2011年4月から民間企業へ移管しての実運用が開始されている．

　以上のように経済産業省ではサービス産業生産性協議会等と連携して，主に既存の先進企業の分析に基づくサービス産業向け経営改善ツール群を整備し，サービス生産性向上運動の活性化を目指してきた．その一方で，サービスの生産性向上やイノベーション創出に資する新たな技術の研究開発にも取り組んでいるので次項で紹介する．

5.3.2 サービス工学研究開発

「サービス産業におけるイノベーションと生産性向上に向けて」報告書では日本のサービス産業における研究開発投資の少なさが指摘され，改めて政府による研究拠点整備と研究開発推進の必要性が示された．その具体案として，サービス関連研究のハブとしての役割を担う研究拠点を独立行政法人産業技術総合研究所（以下，産総研）に整備すること，先端的・革新的分野における研究開発の推進を産総研や提案公募型研究開発事業を活用して実施することが挙げられた．

これを受けて産総研は 2007 年 12 月にサービス産業生産性協議会と協力協定を締結し，2008 年 4 月にサービス工学研究センターを設立した．現在も産総研サービス工学研究センターは産学連携の研究開発拠点としての役割を担いつつ，サービス工学の研究開発に取り組んでいる．

一方で，経済産業省は研究開発のための調査事業を 2007 年度に実施，これを拡充する形で 2008 年度以降現在まで，提案公募型の研究開発・実証研究事業を実施している．現在，経済産業省ではサービス産業の生産性向上とイノベーションを促進する仕組みとして，観測・分析・設計・適用のフェーズで構成されるサービス最適設計ループの実装に資する工学的技術が重要であると認識し，これを研究開発事業の課題として設定している．これらの課題認識はこれまでの研究会，調査研究，研究開発事業で得られた成果や，次節で述べる技術戦略マップ策定の過程を通じて形成されたものである．今後も，引き続き技術戦略マップの更新作業を通じて，学術界において重要視され，産業界から求められる最新の研究課題に取り組むことで，サービス産業振興の技術基盤を整備する予定である．また，研究開発事業の成果を産業界に示すことで，サービス産業界における自主的な研究開発や産学連携による研究開発への取り組みを促進し，サービス産業の持続発展可能性を高めることを目指す．同時に，サービス工学の普及を通して顧客とサービス企業による価値共創社会の早期実現を促すことで，国民に高い QOL（Quality of Life：生活の質）が提供される社会の実現を目指している．

5.3.3 技術戦略マップ

経済産業省では，以下の3点を主な目標として，技術戦略マップを策定している．

(1) **産業技術政策の研究開発管理ツール整備**
主要産業技術分野にかかる技術動向，市場動向を把握し，重要技術の絞り込みと年次展開のマイルストーンを作成することで，研究開発プロジェクトの企画立案と進捗状況の検証のための政策インフラを整備する．

(2) **産学官における知の共有と総合力の結集**
専門化する技術，多様化する市場ニーズ・社会ニーズに対応するため，異分野・異業種の連携，技術の融合，関連施策の一体的実施を促進するとともに，産学官の総合力を結集する．

(3) **国民理解の増進**
当省の研究開発投資の考え方，内容，成果等に関して，国民の理解を増進する．

技術戦略マップは分野ごとに，(1) 研究開発の成果を製品，サービス等として社会，国民に提供していくために取り組むべき関連施策を含めてその道筋を示す「導入シナリオ」，(2) ニーズを実現するために必要な技術課題，要素技術，機能等を俯瞰するとともに，選定した重要技術を示す「技術マップ」，および (3) 重要技術等の進展の道筋を時間軸上に展開してマイルストーンを示す「技術ロードマップ」の3部で構成されている．

経済産業省ではサービス研究に関する検討を通して，サービスの提供プロセスの発展においても PDCA ループが重要であることを再認識し，これを「サービス最適設計ループ」として再定義した．このサービス最適設計ループにおける各段階「観測・分析・設計・適用」は関連技術の整理の軸としても用いられている．以上の検討結果を受け，経済産業省では「技術戦略マップ 2008」中に「サービス工学分野」を追加した．技術戦略マップ 2009 における改訂では具体的な例としてヘルスケアサービスを挙げ，技術の発展から社会への導入イメージを追加した．技術戦略マップ 2010 の策定においては，サービス産業生産性協議会科学的・工学的アプローチ委員会の指導を受けながら検討を進めた．サービスを提供する仕組みを，人間を含むシステムとしてとらえ，「人（＝サービス

の利用者と提供者）」の果たす役割の重要性を強調した．このサービスを提供する仕組みの構築に関連する要素技術について，網羅性を高めるために追加調査を実施し，大・中・小項目へと細分化した軸で整理し直すことで技術マップを改訂した．また，技術ロードマップについてはマイルストーンを用途レベルで明示した．その後，前年度のマップに基づき最新の調査結果を反映するとともに，技術ロードマップについても技術開発目標による表現で再整理を試みている．以下では現在公開されている最新版である技術戦略マップ2010における認識を中心に，その後の調査に基づいた改訂方針についても紹介する．

技術戦略マップ2010（サービス工学分野）では「サービス工学」について以下のように記述している：

> 「サービス工学とは勘や経験に頼りがちなサービスに工学的な手法を導入するものであり，多様化する顧客ニーズへの適用や新しい価値の発見による効率的なサービス，従業員の負担軽減や能力の向上を支援することを目的とする」．

これは当省における現在の認識を示したものであり，必ずしも学術的な定義を意味するものではない．経済産業省では現在，この認識に従ってサービス工学関連事業を実施している．

導入シナリオでは，現在から近未来に予測されるサービス産業の課題として，多様化する顧客の要求への対応と従業員教育の重要性の高まりを挙げた．その上でサービス工学が取り組むべき課題を「サービスに関わる人の多様性に対応した仕組み作りの技術による支援」ととらえ，一般の中小・小規模サービス企業の生産性を優れた勘や経験を持ち先端的な取り組みをしている企業のレベルへ向上させること，利用者にとっても真に必要なサービスの選択を可能にして高い生活の質が提供される社会を実現することを目標として掲げている．また，この目標に向けての経済産業省における現在および近未来の政策的取り組みとともに，海外の動向調査結果として，米・英・独・スウェーデン・フィンランド・中国におけるサービス研究の現状の概略についても記載した．民間での取り組みについては，サービス産業生産性協議会の取り組みとともに，先進的な企業がサービスに関する研究所を設立し始めているという現状を紹介した．さらに，技術が社会に普及する道筋として，経営コンサルティングなどのBtoB

第5章 経済産業省における取り組み〜サービス工学の確立と普及に向けて〜

	2010	2015	2020	2025
サービス産業を巡る社会動向	▲就労者数が製造業の約3倍に	▲国内総世帯数のピークアウト ▲高齢化率26.9% ▲サービス工学会の創立 生活者向け各種サービス需要の拡大 サービス産業の人材需要の拡大が加速 サービス事業者のグローバル展開が加速	▲国内労働人口が2005年比÷13%就労者数が製造業の約4倍に ▲医療・介護分野で280万人の雇用	高齢化率33.0%▲
研究開発		サービス工学 研究開発事業	重点サービス分野を対象とした サービス工学研究開発	
関連施策	普及啓発		完成した技術から順次、基盤技術として普及 シンポジウム・セミナーによる普及活動 (業務改善標準・サービス評価診断システム(SES)とも連携)	
	人材育成		産業技術人材育成 支援事業(サービス 工学人材分野)	(事業自立化:他大学におけるカリキュラム整備)
	産学官連携		研究コミュニティ形成	[学会活動への発展的解消]
民間における取り組み			サービス生産性協議会を中心とする国民運動の展開 企業でサービス工学関連の研究機関設立 体系的な人材育成への取り組みの活性化	金融機関・商工会議所・コンサルタントを媒介とした技術普及 データの相互的共同利用の進展 サービス事業者内部での高度人材増加 顧客との価値共創の仕組みの実現事例が増加
海外動向	[米国]NSF「SES Program」約500万ドル/年。街をまるごと大学のリビングラボとする「Smarter Cities」構想の推進。 [英国]BERRとNESTAが連携「Innovation in Services Project」策定(2006)。「Innovation with Services」SSMEnetUK(研究者ネットワーク)設立(2007)。 [ドイツ]BMBF「ドイツのハイテク戦略」(2006)。 [スウェーデン]VINNOVA「Innovation in Services戦略」における IT 活用(2007〜)。 [フィンランド]TEKES「Serve」計約2億ユーロ(2006〜2013)。2007年11月時点実績:企業91件、研究機関・大学等30件採択。 [中国]カンファレンス開催(ハルビン工科大学、中国科学院ソフトウェア研究所(ISCAS)、北京大学、浙江大学、IBM)			

図5.2 導入シナリオ

出典:技術戦略マップ2010を修正して作成

ビジネスを通じて中小サービス企業へとサービス工学の導入が進み，顧客データの相互共同利用といった新たな産産連携が進展し，価値共創の考え方が浸透するという期待を示した．

技術マップを策定するにあたっては，サービス産業の特性やサービス工学の目標を考慮して，人間の行動に適切に対応するための技術であること，低コストで利用しやすく安定性が高い技術であること等に着目し，要素技術について可能な限り網羅的に検討した．そのうえで，サービスの提供プロセスを発展させるために考案されたサービス最適設計ループにおける各段階との対応と技術の適用対象で分類，整理した．技術マップにおいて抽出された各技術はいずれも不可欠なものであるが，緊急性，社会へのインパクト，企業経営へのインパクト，導入容易性といった観点から重要技術を選定し，以下の技術を現時点での重要技術として認識することとなった．

- 観測：顧客のニーズ・満足度・ロイヤルティ調査技法，行動測定・記録技術．
- 分析：データマイニング技術．
- 設計：プロセス可視化，集団行動シミュレータ．
- 適用：従業員の作業評価支援，ライフログの実用化．

技術マップで策定した中項目が表す技術用途レベル（初期仮説策定，センシング，数理分析，モデリング，シミュレーション，プロセス設計，ライフログ，人材育成）で，今後どのような活用方法が可能となっていくかについて，当該分野の研究者インタビューや論文文献調査に基づいて検討し，その発展について5年間隔で2020年までの期間で整理し，技術ロードマップとしてまとめた．また，技術ロードマップについて具体的なイメージを示すために，特定の業種に適用することで分野別（ヘルスケア，小売，飲食，金融）の技術ロードマップを参考に示すこととした．

5.4 おわりに

サービス産業横断的施策は現在，1つの節目を迎えようとしている．ハイ・サービス300選をはじめとした生産性向上運動は業務改善標準策定事業やSES構築事業の民間事業者における自立運営が進んでいる．また，サービス工学の

第5章 経済産業省における取り組み〜サービス工学の確立と普及に向けて〜

大項目	中項目	小項目	技術の説明	緊急開発性	イノベーションのインパクト	企業への経営インパクト	導入容易性	重要度
観測	初期仮説策定技術	利用者のニーズ・満足度・ロイヤルティ調査技法	商品の生活者や現在のサービスに対する利用者の主観的データを適切に収集して、現状の提供サービスの評価を客観的に分析する技法。	大	大	大	大	●
		提供者のニーズ・満足度・ロイヤルティ調査技法	サービス提供者の主観的データを適切に収集して、現状のサービス提供の状況（労働環境や制度）を客観的に分析する技法。	中	中	中	中	
		観察・活動記録とそれに基づく行動要因分析技術	サービス利用者等の行動観察や日誌等を通じて得られる活動記録データから、主観データから得られない潜在的なニーズや満足を得るための手法やエスノグラフィ等の利便性評価のための手法が含まれる。	中	中	中	中	●
	センシング技術	行動測定・記録技術	RFIDや加速度センサなどのICT技術を用いて人間の行動を把握するための技術。サービス提供現場で各種のセンサから得られるセンサからの信号処理による統合処理のための運動計測データによる行動記録技術が含まれる。	大	中	中	中	
		生理学的測定法	行動に表れない潜在的または内面的な反応を計測するための、サービス利用中の発汗や体温変化などを計測する技術。					
分析	数理分析技術	データマイニング技術	人間の行動に関する大規模定型・非定型データを用いてサービス利用者、提供者のマクロ変動を素早い分析する技術。	大	中	大	中	●
		行動計画の最適化技術	シミュレーション等による最適化、行動計画等を、評価するモデル、動的計画法、AHP（階層的意思決定モデル、資源配分問題等、主にマーケティング分野で利用される最適化現場へも適用する技術が含まれる。	中	中	中	中	●
	モデリング技術	人間（集団）行動の統計的モデル化技術	利用者に関する大規模観測データをもとに、その振る舞いや構造の関係性の解明、構造の分析や統計的モデルを生成する技術。ベイジアンモデリング、PSM等が含まれる。	中	中	中	中	
		人間（集団）の社会的活動のモデル化技術	企業活動のような複数の企業による共通活動やマーケット同士の関係性を活用する、ネットワーク構造分析やモデル化、経営マーケベースモデルの構築に関する方法が含まれる。					
		利用者セグメンテーション技術	顧客ニーズ等の観測されたデータからマーケティング上のクラスタリング分析技術やそのタイプを把握する技術。ベイズベースなどを用いた分析技術やモデリング技術等が含まれる。					
		環境モデリング	シミュレーション等に用いる利用者接点における人間以外の要素などの技術。利用者接点における人間以外の要素（温度、湿度、障害物、設置等）をモデル化する空間モデリングやマーチエージェント、利用者接点における人間以外の要素が含まれる。	大	大	大	中	●
設計	シミュレータ技術	集団行動シミュレータ	人間の集団に関するモデルを用いて、集団のシミュレーションを行うための技術。	中	大	中	中	●
		人間行動シミュレータ	個人の思考や行動を再現した詳細モデルを用いてシミュレーションするための技術。					
		実世界シミュレータ	拡張現実感等を用いてサービス提供環境を再現するシミュレーションサービス提供現場での運用ルールやオペレーションを検討するとともに、事前の実現場の運用型態を模索する技術。					
	プロセス設計技術	プロセス可視化	サービスの提供における人々の働きを過程ルールの運用時のシミュレーション、モデルを活用したサービス提供プロセスに関する解析プロセスの検証や業務プロセスを可視化する技術。	大	中	中	中	●
		サービス設計支援	上記の数理分析技術、モデリング技術に関する技術。サービスの設計を行うためにサービスの設計と情報の流れを可視化し、サービスモデルを作成し、サービス提供環境を作成し、サービス設計を支援する技術。					
適用	人間支援技術	情報提示による人間支援技術	サービス提供者の現場におけるモバイル端末、ウェアラブルコンピュータ、デジタルサイネージ等を活用したサービス提供者のためのモバイル情報端末や携帯情報端末、拡張現実感の技術を活用した支援が含まれる。		大	中	中	
		物理的動作による人間支援技術	サービス提供者の負担を軽減するためのロボット技術。介護ロボット、実店舗でのロボットによるサービスを支えるピッキング等の技術や自動洗車機、自動販売機等の技術が含まれる。					
価値共創支援技術	人材育成支援技術	ライフログ基盤技術	生活者の生活ログを安心安全に社会全体で共有し、サービス提供者と社会で共有するための基盤技術。		大	中	中	●
		提供者の学習支援技術	サービス提供者の暗黙知、知識も含めた学習を同じレベルで支援する技術、教育者による教育支援技術、Webラーニング等のサービス提供時の研修技術・技法。		中	中	中	
		提供者の作業価値評価支援技術	サービス提供者の対応等を客観的に定着させるための、現場での対応等を客観的に知識ベースに定着させる技術。		大	大	中	●
ITインフラ基盤技術	プライバシー保護技術		個人情報や機密情報等の漏洩や改ざん、データからのセキュリティ等の個人情報関連の個人情報保護関連技術。	ITに関する基礎的な技術であり、IT活用の際には必須となるものであるため、重要度評価の対象としない。				
	セキュリティ保護技術		ネットワーク接続機器の基本的なセキュリティを維持管理する技術。					
	ネットワーク構築技術		センサやPOSといった、顧客接点のITを相互接続するためのネットワーク技術。					
	データベース構築支援技術		顧客データベースや取引データベースを、最適設計ルールで利用しやすくなるように設計する技術。					

図5.3 技術マップ

出典：技術戦略マップ2010を修正して作成

5.4 おわりに

項目・年代		～ 2015	～ 2020
技術	初期仮説策定技術	現状分析のための調査技法、行動要因分析技術の低コスト化	
	センシング技術	サービス現場向けセンシングデバイスの性能向上と低コスト化	
		サービス提供状況の把握に重要な従業員動作の認識技術開発	
			消費者行動における心理的要素の定量化
	数理分析技術	データマイニング高速化（アルゴリズムの改良）	
		多次元、非構造化データの分析技術開発	
			心理的要素を考慮した行動計画の最適化技術開発
	モデリング技術	消費者行動の確率モデル化技術開発と需要予測等の現場運用支援への応用	
	シミュレータ技術	マルチエージェントシミュレーションの高速化と精度向上	
		エージェントの社会構造を定義する技術の開発	社会シミュレーションの物理シミュレーションの統合技術
	プロセス設計技術	運用ルールと現状の可視化によるギャップ分析技術の開発	
		サービス設計支援技術の開発	サービス設計レビュー技術の開発
			異分野の知識活用（アブダクション）による設計の支援技術開発
	人間支援技術	人間を含むサービスシステムの運用を支援する情報提示技術開発	
	価値共創支援技術	ライフログの共有にインセンティブを与える生活者向けサービスのシステム開発	
	人材育成支援技術		行動センシング技術に基づくサービス現場のQC活動支援システムの開発
			従業員のスキルと状況認識に基づく最適手順教示による教育支援システムの開発

図 5.4 技術ロードマップ

出典：技術戦略マップ 2010 を修正して作成

研究開発事業については基盤研究を継続しながらも，いくつかの要素技術については実用化を加速するための取り組みが始まっている．

　サービス工学は，サービス提供現場を用いた研究開発が不可欠な分野でありながら，現状，多くのサービス企業は研究開発投資に消極的であり，サービス工学の発展と普及の障壁になっている．また，サービス工学に関連する技術を使いこなせる人材の不足についても有識者から指摘されている．サービス産業における研究や技術開発の活性化はイノベーション創出に必須であり，日本経済の活性化にもつながることから，今後も官民一体となって取り組むべき重要課題である．今後も多くのサービスサイエンスやサービス工学への取り組みを通して本分野が活性化していくことに期待したい．

第6章

サービスサイエンスから見た
コールセンターの実践例

6.1 コールセンターのサービス品質や生産性を示す KPI

　電話一本で企業などに注文・相談・クレームなどができるコールセンターでは，品質基準や生産性を表す指標が細かく定量把握され，待ち行列理論を適用して各指標間の関係が理論モデル化されるなど，サービスサイエンスの考え方が先行している[1]．特に，多くの指標が"感覚的"にではなく，通話時間，平均応答時間，設定時間内の応答率，放棄呼率，途中放棄時間などのように具体的な数値で把握できるので，サービス品質や生産性の目標を明確に設定できる．このような定量的把握を背景に，Mandelbaum らは，システムが出力した大量の履歴データをベースに理論式を組み入れ，実用上有用な角度からコールセンターの動きを見ることのできる支援システムを開発している[2]．

　本章では，サービスサイエンスから見たコールセンターの実践例として，評価指標として活用されている重要業績指標 (KPI : Key Performance Indicator) (**表 6.1**) の役割と意義について述べるとともに，それらを組み入れた数理モデル例と課題を示す．現状の KPI は物理的に手の届く範囲の決められた動作指標を示しているのに対して，将来は，コールセンターの利用者や経営者が個別に抱く評価項目に対応して高次元の評価が可能となることが望まれる．

6.2 コールセンターの評価

　一般に，サービス業では形が見えず，生産と消費が同時に行われ，しかも提供側だけでなく，サービスを受ける顧客も一緒に参加しないと評価できない．つまり，事前にサービスの品質を高めたり，生産能力を知ることはむずかしい．

表 6.1　重要業績指標 (KPI)

サービス品質指標	接続品質	サービスレベル，平均応答時間，話中率，着信呼数，待ち呼数，最大応答時間
	対応品質	一次対応完了率，総保留時間，モニタリングスコア
	正確性	誤発注率，データ入力ミス率
生産性指標		平均通話時間，平均後処理時間，時間当たり応答件数，稼働率，コンタクト率
収益性指標		成約率，コール当たり売上高，アップセル率，クロスセル率，新規顧客獲得数

コールセンターならば，リアルタイム性の強い通信機器の動作とデータ処理を統合したCTI(Computer Telephony Integration)のお陰で，通話の状況をリアルタイムにあるいは統計的に把握できるという特徴があり，サービスの"可視化"が可能である．

(1) 現状の主要指標

コールセンターで測定され，利用されている主な指標は表 6.1 に示すとおりであり，サービス品質，生産性，収益性の 3 つに分類できる．

(2) サービス品質を表す指標

コールセンターにおけるサービス品質は，オペレータへのつながりやすさを示す接続品質，オペレータの言葉づかいや理解度などを示す対応品質，正確性の 3 つに分類できる．顧客が抱く不満として多いのは，「なかなか電話がつながらない（話し中が多い）」「電話の待ち時間（呼出し時間）が長い」などの接続品質に関するものである [3]．このような症状を聞くだけでは，「話し中が多い」ことや「待ち時間が長い」原因を見極めることはできない．平常時に比べて通話が殺到しているからなのか，そもそもコールセンターの回線設備やオペレータ席数が少ないからなのか，突発的な長電話が多いからなのかは，システムが把握している指標値を参照しなければ分からない．

接続品質を知るのによく利用されているのが，「放棄呼率」と「サービスレベル」と呼ばれる 2 つの指標である [3]．放棄呼率がユーザ側から見たコールセンターの品質を表すのに対して，サービスレベルは提供側から見た品質の良さを

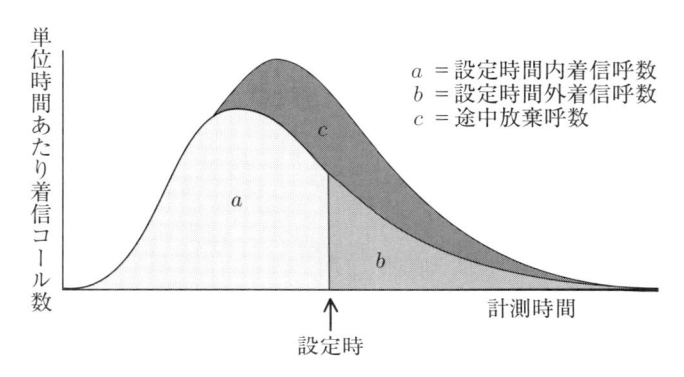

図 6.1 放棄呼，応答呼の分布イメージ

示す．ともにつながり具合を表すので，どちらか一方を押さえておけばよいと誤解されていることが多いが，異なる概念であり，双方とも把握すべきである．以下，図 6.1 を用いてその違いを述べる．

① 放棄呼率

放棄呼率とは，観測時間帯の着信呼（図 6.1 の $a+b+c$）のうちオペレータが応答する前に顧客が待ち切れずに放棄した呼数（同図 c）の割合

$$放棄呼数 = \frac{放棄呼数}{応答呼数 + 放棄呼数} = \frac{c}{a+b+c} \tag{6.1}$$

をいう [4]．

この指標は，顧客個人の忍耐強さに依存するので予測は困難で，業種ごとに標準値を設定することも難しい．いったん放棄したコールが繰り返し入って来るようなケースでは放棄呼率は高くなり，着信直後に個別事情で切断されることもあるが，システムによってはこのような短時間の放棄呼は無視できる．また，コール数は一定の観測時間帯ごとにカウントされるが，観測時間帯を超えて長く待った後で放棄したコールの扱いについても特別のきまりはない．

② サービスレベル

コールセンターで使われる「サービスレベル (Service Level)」とは普通名詞ではなく，一定時間内にどれだけの数の着信コールに応答できたかを表す専門用語である．「12 秒以内に 90% のコールに応答する率」あるいは単純に「90/12」

などとも表現される．サービスレベルの計測法は，システムにより多少異なるが，一般的には，次式のとおり観測時間帯の着信呼数（図 6.1 の $a+b+c$）のうち設定した時間以内に応答した呼数（同図 a）の割合で表される．

$$\text{サービスレベル} = \frac{\text{設定時間内応答呼数}}{\text{応答呼数}+\text{放棄呼数}} = \frac{a}{a+b+c} \tag{6.2}$$

上式によると放棄呼数 c が増えると分母が大きくなり，サービスレベルが悪くなるので，設定時間内に生じた放棄呼も分子に含める考え方もある [4]．システムにより計算法が異なり，サービスレベルの値も異なって出るので，注意が必要である．

③ 応答率

（1− 放棄呼率）の値は，放棄されずにオペレータが応答した値になるので，応答率と呼ばれている．この名称とサービスレベルが表す設定時間内応答率とが紛らわしいが，異なる指標である．

かかってきたコールの何％に応答したかを表すのでよく使われているが，長時間待たせても応答さえすれば率は高くなるので，つながりやすさを適切に表しているとはいえない．

④ 平均応答時間

電話をかけてからオペレータが応答するまでの平均時間．「ただいま電話が大変込み合っております．しばらくお待ちください」といったアナウンスが交換機や音声自動応答装置 (IVR：Interactive Voice Response) から流され，待たされている時間の平均値のことである．

⑤ 一次対応完了率

転送や，かけ直しをすることなく一回の受信コールで顧客の用件が充足される率のことである．電話の"たらい回し"は，接続品質を低下させることはいうまでもないが，一次対応完了率はその度合いを測る指標として重要視されている．一次応対による解決をスムーズに実現しているセンターでは，オペレータのストレスも少なく，高度なコールフローも充実し，定型作業の反復性も高いという．

(3) 生産性を管理する指標

生産性を示す指標としては，次の4つがよく使われている．

① 通話時間：担当者が受信してからそのコールを切断するまでの時間．
② 後処理時間：コールを切断後，そのコールに関する応対状況の入力や伝票起票処理などに要する時間
③ 時間あたり応答件数：一定時間内に応答したコールの数
④ 稼働率：オペレータの着席時間のうち通話や後処理 (After Call Work) などの本来業務に費やしている時間の割合

特に，稼働率はコールセンターのコスト効率を見る指標として重要である．このほかにも，「エスカレーション率」「コンタクト中の保留回数・時間」「コンタクト率」「成約率」「時間あたりセールス数」などが使われている．

一方，アウトバウンドの場合は，顧客と電話がつながって話ができたかどうかの「コンタクト率」，受注に結び付いたかどうかの「受注率」，その受注が後にキャンセルになっていないかを見る「キャンセル率」などがある．

(4) 収益性を表す指標

コールセンターが経営の核として位置付けられるためには，効率良くコールを処理するだけではいけない．利益貢献についてもあらかじめ指標を設けておくことが重要である．「成約率」「時間当たり売上高」「コール当たり売上高」「オペレータ当たり売上高」「クロスセル率」「新規顧客獲得数」などが評価指標として利用されている．利益に貢献するためには，これらを指標管理指標として明確にしておくとともに，① 必要な商品情報などの応対参考情報を用意し，容易に参照できること，② オペレータの配備が適切であること，③ オペレータ個々のアクションがどれだけ利益に貢献したか測定・推計できることなどが必要である．

(5) 目標値の設定

以上の考え方に基づき，品質，生産性，収益性の各KPIのうち必要とするものについて目標値を設定し，必要なアクションをとる．ただし，1時間に1人何コールとるべきかを決めるなど，システムが表示する指標を単純に追い求め

て表面的な生産性のみを追求してはいけない．生産性が高いのか低いのか，低い場合にはその原因を究明し，改善する．例えば，あるオペレータの応答件数が少ない場合，通話時間が長いからなのか，離席時間が長いのかなど，複数の指標から原因を究明することが必要である．

また，オペレータやスーパーバイザーに対して，なぜこの指標を用いるのかという理由を事前に説明した上で，目標値を課すことである．単に目標値を示すだけでは，例えば「通話時間は短い程よい」と誤解し，必要な説明をはしょってまで通話時間を縮めようとしてしまう．例え通話時間が長くても，顧客の満足度が向上したり，クロスセル，アップセルにより受注が増えれば，結果としてコールセンターの役割を達成したことになる．特にコールの閑散時間帯には，通話時間を短くしても，待受け時間を長くするだけなので，通話時間を問うべきではない．とはいえ，要領よく答えることは顧客満足度の向上にもつながるので，オペレータの通話時間は，センター全体の平均値と比較して極端になっていないかを見るとよい．

なお，目標値とは，ある一定値以上（あるいは以下）を目指す場合もあれば，ある幅を持たせた範囲を指す場合もあり，指標によって使い分ける必要がある．たとえば，サービスレベルの目標値を90％に設定したとき，それより上になるように頑張ることはむしろ禁止的である．余裕は別の品質向上にあてるとよい．

(6) 生産性・品質・収益性のバランスをとる

コールセンターは，構築までのイニシャルコストよりも運営のランニングコストのほうがはるかに大きい．ランニングコストを抑えるためのイニシャルコストという考え方に立って，生産性向上のための業務標準化，システム投資計画を作成する．人件費を抑えるためにシステム投資するのである．

生産性・品質・収益性の3つの指標をバランスよく運営することが成功の秘訣である．生産性を高めるために短時間に会話を終えようとすると，当然品質は犠牲になる．優れたオペレータを採用すれば生産性と品質の両方を満足させることはできるが，そのためには相当のコストを覚悟しなければならず，今度は収益性に響いてしまう．特に，難易度の高い業務には生産性と品質が両立できるようなやり方が重要である．

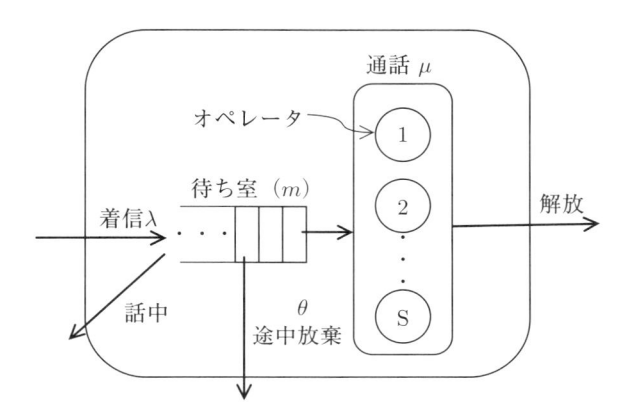

図 6.2 コールセンターのコール処理の流れとモデル化

6.3 コールセンターの数理モデル

本節では，コールセンター業務を理論的に扱うためにコールの処理を待ち行列理論を用いてモデル化し，各指標を表す関係式を求める．

(1) コールセンターの基本機能とモデル化

コールセンターが処理するコールの流れを図 **6.2** に示す．まず，着信コールは，入り口で空き回線を待つ状態に入り，空きがなければ話し中として切り離される．空きがあれば，いったん音声自動応答装置などの待ち室に接続され，オペレータが空きになるまで待たされる．この間にお知らせのアナウンスを聞かせたり，会員番号の入力などを求められたりする．オペレータが空けば，交換機は所定のルールに基づいて適切なオペレータに接続し，通話が開始される．通話が終わると回線は解放される．

(2) コールモデルの理想的前提条件

図 **6.2** のコール処理に待ち行列理論を適用して定式化するために，着信呼と通話時間はそれぞれ次の条件を満足すると仮定する [5]．

① 着信呼は単位時間当たりの平均到着数 λ の Poisson 過程に従って到着する．
② 通話（サービス）時間は平均 $1/\mu$ の指数分布に従う．μ は単位時間当たり

の平均終了率である．

③ 待合せ放棄までの時間は平均 $1/\theta$ の指数分布に従う．ここで，θ は待合室にいる客が単位時間に離脱する平均数である．

(3) アーラン C 式

モデル化で最もよく利用されているのがアーラン C 式である [4][5]．おおよその所要回線数やオペレータ数，平均待ち合わせ時間などを試算するのには手軽で利用しやすく，市販の要員スケジュール作成ソフトウェアなどに使用されている．

到着したコールが待たされる確率 $M(0)$ は，アーラン C 式と呼ばれる (6.3) 式によって求められ，(6.5) 式により，待ち時間が t を超えない確率として，サービスレベル (SL) を算出できる．

$$\text{アーラン } C \text{ 式：} \quad M(0) = \frac{a^s}{s!} \frac{s}{s-a} P_0 \tag{6.3}$$

$$P_0^{-1} = \sum_{r=0}^{s-1} \frac{a^s}{s!} \frac{s}{s-a} \tag{6.4}$$

$$\text{サービスレベル：} \quad SL = 1 - M(0) \cdot e^{-(s-a)\mu t} \tag{6.5}$$

アーラン C 式が前提とするモデルは，条件が単純なので，現状を厳密には反映していない．たとえば，放棄呼については一切考慮されないので，いったん待合室に入ったコールはどんなに待たされても放棄されることはないとしている．放棄の多いセンターでは，実測値と理論値が大きく違って出る．また，外線と待ち室容量は無限であり，呼損は生じないので，必要となる要員数を過剰に算出する傾向がある．正確さを求めるようなコールセンターへの適用は控えた方がよい．

(4) 現実的なモデル

上記 (2) の前提のもと，放棄呼を考慮し，待ち合わせ容量制限（待ちの長さ制限）があり，系内システム容量制限（外線数など）がないモデルを対象とする．(6.6)～(6.12) 式に主な指標を表す定式結果を示す [5][6]．詳しい式の導出については省略する．ここで，系に加わる呼量は $a = \lambda/\mu$，オペレータ数は s

人，待合室数は m であり，$\xi := \theta/\mu$ としている．

① 呼損率
$$B = P_0 \frac{a^s}{s!} \frac{(a/s)^m}{\prod_{j=1}^{m}(1+j\xi/s)} \tag{6.6}$$

② 平均待ち時間
$$W = \frac{P_0 \xi}{\lambda} \frac{a^s}{s!(1-B)} \sum_{k=1}^{m} \frac{k(a/s)^k}{\prod_{j=1}^{k}(1+j\xi/s)} \tag{6.7}$$

③ 待ち合せ率
$$M(0) = P_0 \frac{a^s}{s!(1-B)} \sum_{k=0}^{m-1} \frac{(a/s)^k}{\prod_{j=0}^{k}(1+j\xi/s)} \tag{6.8}$$

④ 放棄呼率
$$R = \frac{P_0 \xi}{a} \frac{a^s}{s!} \sum_{k=1}^{m} \frac{k(a/s)^k}{\prod_{j=1}^{k}(1+j\xi/s)} \tag{6.9}$$

⑤ サービスレベル（t 時間以内で応答する確率）

$$SL = 1 - P\{W > t\} \tag{6.10}$$

$$P\{W > t\} = P_0 \frac{a^s}{s!(1-B)} e^{-(\xi+s)\mu t} \sum_{k=0}^{m-1} \frac{(a/\xi)^k}{k!} \sum_{j=0}^{k} \binom{k}{j} \frac{(-1)^j e^{-j\xi\mu t}}{1+j\xi/s} \tag{6.11}$$

ただし，
$$\frac{1}{P_0} = \sum_{k=0}^{s} \frac{a^k}{k!} + \frac{a^s}{s!} \sum_{k=1}^{m} \frac{(a/s)^k}{\prod_{j=1}^{k}(1+j\xi/s)} \tag{6.12}$$

(5) 3 つのモデルの比較

前記のモデルは，外部の呼源は無限大と仮定した．回線には十分余裕があり，呼損が起こらないことを前提としたモデル（以下，モデル A と呼ぶ）である．これに対して，より厳密に外線数が有限とした待ち行列モデル（以下，モデル B と呼ぶ）も定式化されている [5]．表 **6.2** に示すとおり，実用的な範囲では，

表 6.2　3 つのモデルの比較

		モデル A	モデル B	モデル C
入力	放棄までの時間	30 秒	30 秒	∞
	待ち合わせ室数	10 室	10 室	∞
	系内冤椴	∞	100 回線	∞
出力	20 秒以内応答率	98.5%	99.5%	85%
	所要要員数	64	68	74
	平均待合せ時間	2.9 秒	2.7 秒	9.3 秒
	途中放棄率	9.5%	9.1%	0

共通条件：呼数／時間 = 1,000，平均応対時間 = 240 秒，放棄率制限：10% 以下

モデル A と B に主な指標に大きな差は出ないが，アーラン C 式によるモデル C とはかなりの差が生じている．

6.4　コールセンターの評価

　コールセンターが成熟するとともに，実測データから読み取れる範囲を超えた評価についても定量的なデータで求められるようになった．その 1 つが顧客満足度 (CS：Customer Satisfaction) である．CS は Web や郵送，アウトバウンド・コールなどによるアンケート調査に委ねており，自動取得できるところまでは至っていない．あらかじめ決めておいた調査項目に従って消費者等の"満足感"をランク付けし，総合点により顧客満足度を決めている．時間とコストがかかる割には必ずしも客観的・合理的とは言えない．また，CPC(Cost Per Call) などのように，コールあたりのコストを測ろうとしてもコールに関わるすべての構成要素を決めようにも関わりが多すぎてとてもまとめるのは困難である．

　しかし，低いレベルにおける好評価は，ロイヤルカスタマーの維持などにつながり，目に見えない経営貢献として現れているはずである．本節では，評価の次元を 3 つのレイヤーに分け，より高位からも見ることで直接測定した低位の KPI 値だけでは測ることのできない隠れた評価項目を見出すことを狙う．

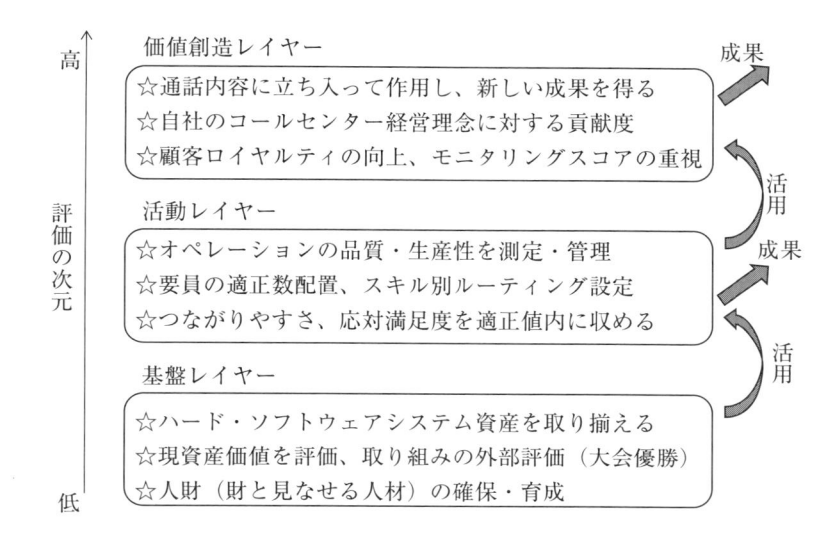

図6.3 3レイヤー評価モデル

価値創造レイヤー
- ☆通話内容に立ち入って作用し、新しい成果を得る
- ☆自社のコールセンター経営理念に対する貢献度
- ☆顧客ロイヤルティの向上、モニタリングスコアの重視

活動レイヤー
- ☆オペレーションの品質・生産性を測定・管理
- ☆要員の適正数配置、スキル別ルーティング設定
- ☆つながりやすさ、応対満足度を適正値内に収める

基盤レイヤー
- ☆ハード・ソフトウェアシステム資産を取り揃える
- ☆現資産価値を評価、取り組みの外部評価(大会優勝)
- ☆人財(財と見なせる人材)の確保・育成

(縦軸:評価の次元 高～低、右側:成果と活用の循環)

(1) 3階層の評価次元

コールセンターの評価項目を下記に示す3つの階層に分け，上位階層は，下位の成果を受けてより高度な経営層の判断に資する情報を受け，上位の成果を創出する(図6.3)．この考え方は，木下[7]によるサービスの分類に近い．

① **基盤レイヤー**

設立当初は，コールセンター設備への投資に対する効果や，時間当たりのコール数などが注目され，財務諸表上の不動産資本として重視されていたが，今日では所有している設備の存在自体に価値があるわけではなく，その稼働を準備しておくことに意義がある．

一方，会員制をとっている企業においては，会員数の大きさは，基本となる強みであり，組織基盤を特徴づけるKPIである．

② **活動レイヤー**

人がシステムを稼働させて成果を出し，その結果を評価するレイヤーである．着信したコールの接続先をコントロールし，発着信接続やルーティング，ACDなどの重要な動作を果たすレイヤーである．

③ **価値創造レイヤー**

	主な評価対象項目	評価指標
対話処理 価値創造レイヤー	問題解決、セールス支援 受注活動 クレーム処理 契約管理、トラブル・サポート	収益性指標、通話時間、 サンクスレター受領数 売上高／コール、制約率 クロスセル・アップセル率
呼接続処理 活動レイヤー	コミュニケーション能力 聞き取り能力 対話力	サービスレベル、 平均後処理時間 自己完結率、実技検証 稼働率、保留率 受研修率、受コール数／日
人材 基盤レイヤー	オペレータ、スーパバイザ、 リーダマネージャ、センター 長、トレーナQAスタッフ	離職率、欠勤率 有資格、要員数 コミュニケーション能力 ビジネス知識

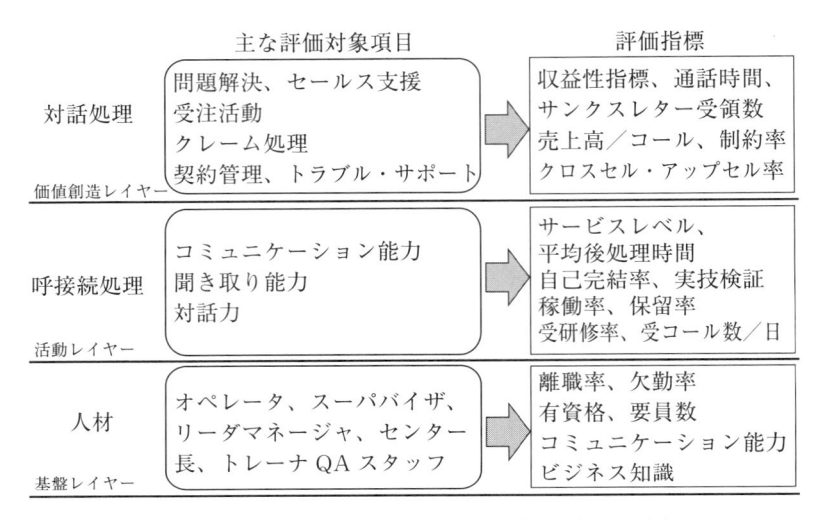

図 6.4　人財軸に 3 レイヤー評価モデルを適用した例

コールモニタリングなどを実施し，コール内容にまで立ち入って分析を行い，そこから新たな成果を創造し，経営層へ貢献するレイヤーである．測定の方法や評価項目の標準化が課題として残る．現状では業務ごとに評価基準が定められている．

(2) 人財軸の 3 レイヤー評価例

コールセンター内部で最も重要なのは人財である．この人財に関して 3 レイヤーの評価モデルを適用して描くと図 6.4 を得る．経費の約 70％は人件費であり，残りのうち 10 数％が減価償却費つまりシステム関連の経費である．この人材とシステムをいかに動作・活用するかで評価は大きく違ってくる．基盤レイヤーに位置づけられる資産がいくら大きくてもそれを活用する活動レイヤーにて機能しなければここでの評価値は低い．活動レイヤーで優れたコミュニケーション能力を発揮し，サービスレベルや稼働率に貢献した上で問題解決や受注活動でも成果を上げ，売上に貢献すれば活動レイヤーでも高い評価を得る．

(3) システム軸の 3 レイヤー評価例

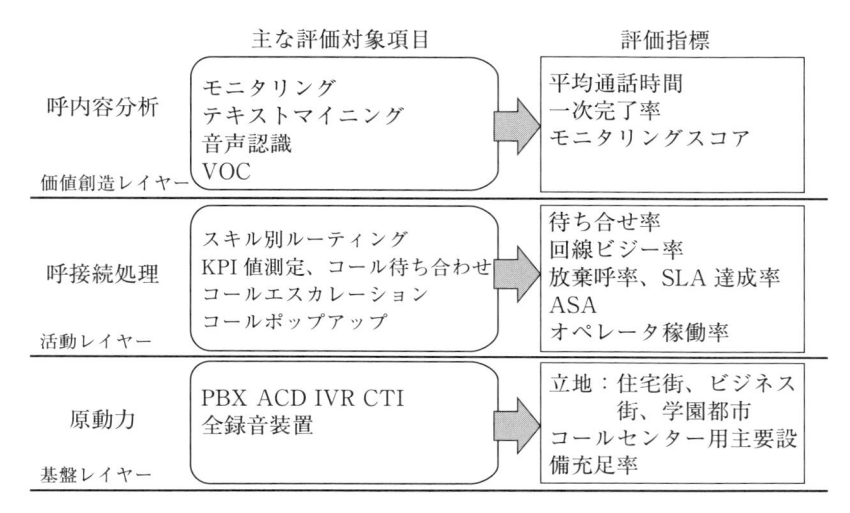

	主な評価対象項目	評価指標
呼内容分析 価値創造レイヤー	モニタリング テキストマイニング 音声認識 VOC	平均通話時間 一次完了率 モニタリングスコア
呼接続処理 活動レイヤー	スキル別ルーティング KPI値測定、コール待ち合わせ コールエスカレーション コールポップアップ	待ち合せ率 回線ビジー率 放棄呼、SLA達成率 ASA オペレータ稼働率
原動力 基盤レイヤー	PBX ACD IVR CTI 全録音装置	立地：住宅街、ビジネス街、学園都市 コールセンター用主要設備充足率

図 6.5　システム軸に対する 3 レイヤー評価例

　図 6.5 はシステム関連の評価を 3 レイヤー評価モデルに適用した例である．システムは原動力として基盤レイヤーに置かれるが，作動しなくては評価対象になりえない．活動レイヤーにて適切な稼働をすることにより，期待される評価を得ることができる．音声認識やそれを活用したテキストマイニングが本格化すれば，コール内容に立ち入って分析できるので，顧客の声を生かした取り組みにより活動レイヤーにて評価されるようになるであろう．

(4) プロセス軸の 3 レイヤー評価例

　コールセンター業務は単純ではなく，商品・サービスについて熟知しておくことは勿論のこと，見えない電話の先の顧客とのコミュニケーションや深刻なクレームにも対応しなければならない．このような業務をスムーズにこなすためには，各業務の細部にまで立ち入った指南書が必須である．マネジメント・プロセス，品質管理プロセス，セキュリティプロセスなど共通の運用規格書を定めるだけでなく，業務ごとの活動マネジメント規格書を定める．大切なことは，これらに従って活動を定型化・固定化するのではなく，その内容を絶えずチェックし，更新することである．そして，実行結果がどれだけ目的とする成果を挙げることができたか評価する．下位のレイヤーでは，規格書の存在が，上

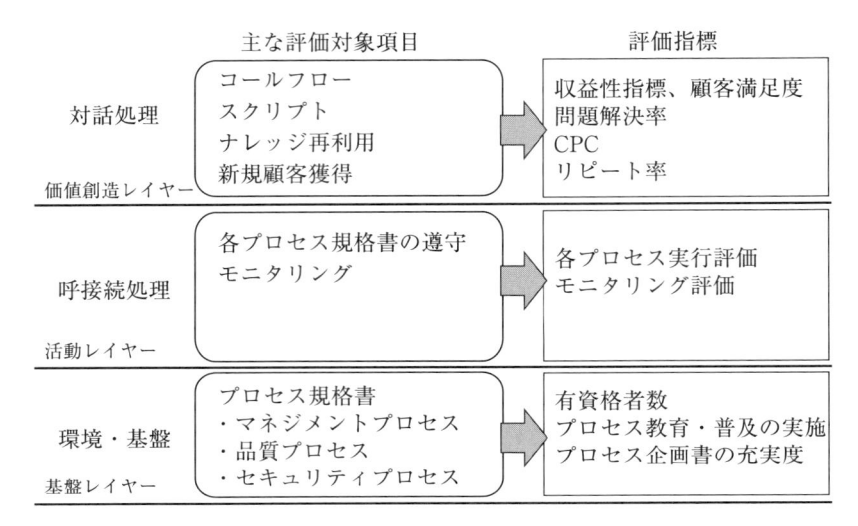

	主な評価対象項目	評価指標
対話処理 価値創造レイヤー	コールフロー スクリプト ナレッジ再利用 新規顧客獲得	収益性指標、顧客満足度 問題解決率 CPC リピート率
呼接続処理 活動レイヤー	各プロセス規格書の遵守 モニタリング	各プロセス実行評価 モニタリング評価
環境・基盤 基盤レイヤー	プロセス規格書 ・マネジメントプロセス ・品質プロセス ・セキュリティプロセス	有資格者数 プロセス教育・普及の実施 プロセス企画書の充実度

図 6.6　プロセス軸に対する 3 レイヤー評価例

位では実行による成果が評価対象となる（図 **6.6**）．

6.5　おわりに

　コールセンターは，ICT によりきめ細かくその動作状況を数値把握でき，サービスサイエンスの考え方が先行していることを述べた．具体的には，放棄呼率とサービスレベルの 2 つは，日々の運用時のつながりやすさを表すキー指標として重視され活用されている．ただし，放棄呼率は放棄するまでの時間がいくら長くても値は変わらないことを示した．現場でよく利用されているアーランC 式に基づくモデルには放棄呼が考慮されていないので適用は限定すべきである．本格的なコールセンターでは，放棄呼や待ち室，待ち合せ時間などを考慮した待ち行列モデルに従った関係式を利用すべきである．ただし，コールの発生は Poisson 過程であることや通話時間は指数分布に従わなければならいなど理想的条件の前提は変わっていない．

　コールセンターを対象とする科学的な取り組みが進んでいるが，現在のところ，その主な範囲は機械が直接測定可能な範囲に限られ，サービス評価に必須で

ある顧客満足度やオペレータの生産性を向上させるモチベーション等の人間系の課題領域にはまだ至っていない．評価のレベルを3階層に分け，経営貢献などを対応する高次元のKPIに対応する指標を見いだすことにより，隠れたKPIを設定できる可能性を示した．今後は，テキストマイニング等の情報技術に心理学や人間科学などを応用し，通話内容の分析による経営指標の「可視化」が進むことを期待したい．

第7章
サービスサイエンスから見たトヨタ方式

7.1 はじめに

　20世紀においては，アウトプットが有形物である製造業と，アウトプットが無形物であるサービス業は別物として論じられてきたが，21世紀においては，あらゆる業種を，サービスサイエンスという視点から統合的に捉える「新型資本主義」の視点が出てきた[1][1)]．製造業もまた目指すものはサービスであって，利益は経営の目的ではなく結果に過ぎないとするトヨタ生産方式の原理は，製造業とサービス業とを同一俎上において捉え，21世紀に求められるネットワーク社会に支えられたサービスサイエンス社会の先鞭をつけるものと位置付けられる．本章では，その理由を考察する．

7.2 問題は何か —— 2015年 中国自動車バブルの制御可能性

> 【北京＝多部田俊輔】中国政府は4日，中国国内の自動車大手30社の増産計画を合計すると2015年末の自動車生産能力が3100万台以上に達すると明らかにした．15年の需要は2200万台程度とみられており，計画通りに工場建設が進めば供給能力は需要に対して4割以上も過剰となる見込み．中国政府は自動車大手の投資を抑制する方針を示した．
>
> 　　　　　　　　　　　　　2010/9/4 19:28　　日本経済新聞 電子版より引用

　この2015年に予想されるクルマの供給過剰現象は，作り過ぎを是とする「規模の経済」と，多めに見込んで作った方が商機を逃さないで済むという，「自

[1)] 木下 (2009) p.21, p.25

分の都合」で仕事する「旧型式資本主義」の結末である．これを放置しておくと，サブ・プライムローンに端を発したアメリカ発世界大不況の再現となりかねない．

　アダム・スミスが国富論で説いた，私益の追求が「見えざる手」に導かれて社会公共の利益を増進させるという自由放任（レッセフェール）の旧型資本主義の経営理論の限界はすでに明らかであるが，だからといって，社会主義の計画経済ならこういう愚かな供給過剰はありえないという議論ももはや通用しない．そこで，残された第三の道が，「新型資本主義」，つまり，サービスサイエンスの原理を備えた新型資本主義を支える経営理論である．具体的には，マネーゲームと短期利益思考に陥ったアングロザクソン流の株主価値経営理論にかわる日本（アジア）発ものづくり経営学の確立が急務と思われる [2]．

7.3　縦統治 (vertical governance) と横連携 (horizontal linkage)

　スキーマ（認識枠，不文律）とは心理学用語で，世界を認知したり外界に働きかけたりする土台となる内的な枠組みをいう．人間はある情報に基づき行動し，その結果として認識が固定され，その固定化された認識の集合によって認識枠すなわちスキーマが形成される．組織の場合でも個人と同じように，前述した過程で組織内に共有された認識枠を持ち，これをスキーマと呼ぶ[2]．

　さて，経営のあり方に関わるスキーマについて，本章の趣旨に沿っていうと，前世紀においては，「規模の経済」「要素還元思考」に基づく「縦統治」のスキーマが支配的であったが，その正反対の「脱規模の経済」「限量生産」の「横連携」のスキーマが登場した．それが，トヨタ生産方式である．そこでは，「縦統治」を否定はしないが，それ以上に「横連携」を重視する．

　この横連携スキーマの登場によって，ものづくりを顧客や世のため人のための「サービス」とする世界が，トヨタ自動車によって口火を切られた．21世紀のサービスサイエンス社会の形成とは，平たく言えば，顧客の要求する数量以上に作らないといういわば常識を，社会トータルとして実現することである．「作り過ぎを最大のムダ」と捉えるトヨタには，その啓蒙の先頭に立つ資格も責任

---

[2] 一般的には，英語の「frame of reference（準拠枠）」，マックス・ウエーバーの「エートス」，端的には，「企業文化」さらに平たくは「思い込み」も，いずれも同系の用語．

もある．これが，2015年の中国自動車供給過剰問題に対する突破口の1つの切り口と考える．

縦統治——「旧型資本主義」のスキーマ

　前世紀の縦統治型スキーマは，組織体を縦に割って，それぞれを個人や「責任センター」として互いに競わせることで「部分の総和イコール全体最適」となるという要素還元思考が支配的であった．そこでは，管理情報の流れは，上から下へは命令として下から上へは報告として縦方向に流れる縦統治が基本原理で，軍隊や行政の組織，経営組織のラインアンドスタッフ組織，分権化された事業部組織などはいずれも縦統治を基本としたマネジメントである．縦統治型経営は，一糸乱れぬ統率という点は良いが，しばしば縦割りによる機能の重複，非効率，硬直化という「サイロ経営」の弱点が指摘される．

　この縦統治の弱点を補強するのが縦割り組織に横串を通す横連携のスキーマである．トヨタ生産方式は，フォード的な「規模の経済」下の大量生産，プッシュ方式から「脱規模の経済」としての限量生産，プル方式へのパラダイムシフトをねらうものであった．生産方式としては，「顧客の必要数だけ」を「よどみない流れ」でつくる，そのためには自分の都合ではなく，相手(次工程)の必要量とリズムに合わせて作る「横連携」が求められる．ここに相手の立場を尊重する「サービス」の要素が組み込まれることになる．さらに「プロセスを磨けば，利益という結果は後からついてくる」という，プロセス練磨を上位目的とするスキーマを樹立した点は，利益を最上位目的とする旧型資本主義に代わる新型資本主義の萌芽といえる．

縦統治型のスキーマを形成した文化遺伝子

　Dawkins[3] によれば，人間の文化はすべて遺伝子のような小さな断片，「ミーム (meme)」でできている．遺伝子は，自らを際限なく複製する自己複製子であり，ミームと遺伝子は共進化し，大きな脳と言語という特技を持つヒトという種を作り出した．また，遺伝子が生物を形成する情報であるように，ミームは文化と心を形成する情報である．遺伝子が進化するのと同様にミームも進化し，文化の遺伝単位であり，遺伝子のような働きをする (Blackmore [4])．ここでは，スキーマをさらに分解した最小単位を文化遺伝子と呼ぶ．縦統治型スキー

マには，次のような文化遺伝子が組み込まれていると想定される．

(1) **アダム・スミスの分業論——分業を是とする文化遺伝子**
「もし職人が 1 人だけでピンをつくるならば 1 日に 1 本のピンをつくることも容易ではない．ところが，10 人の労働者が作業を分担して働くと，1 人当たり 1 日に 4,800 本ものピンを製造する」．

(2) **アダム・スミスのレッセ・フェール（自由放任）**
私益の追求であっても「見えざる手」に導かれて，需要と供給の均衡点としての予定調和に到達するという古典経済学の原点 (米国型資本主義)．

(3) **マックス・ウエーバーの「プロテスタンティズムと資本主義の精神」**
拝金主義や私益追求ではなく，合理的な経営活動を支える精神あるいは行動様式（エートス）で，禁欲的労働に励むことによって社会に貢献し，この世に神の栄光をあらわすことによって，ようやく自分が救われているという確信を持つことができるようになる（欧州型資本主義）．

(4) **マックス・ウエーバーの官僚制**
近代社会の合理的組織は，権限の原則，階層順序（上下のヒエラルキー）と命令・監督の体系，文書による業務処理，専門化原則，公私分離などの特徴をもつ官僚制組織が，"sine ira et studio（憎悪，熱意などの感情によらずに粛々と）" 運営される組織である．

(5) **組織的怠業と科学的管理法——怠業防止，稼動重視の文化遺伝子**
20 世紀初頭のアメリカでは，出来高給制が一般的であったが，労働者の賃金上昇と雇用者の出来高単価（賃率）の引下げの繰り返しの結果，労働者は「働けば働くほど賃金率が下がる」と考えるようになり，組織的怠業が頻発した．F. テーラーは，「課業 (task)」の概念を導入し，標準的な仕事を達成した者への割増賃金とそうでない者に対する最低賃金という差別的出来高給制により組織的怠業を根絶できるとした．

(6) **管理会計　予算統制——会計数値で組織をコントロールする文化遺伝子**
1920 年代以来のアメリカで普及した各責任センターに利益予算を割付ける予算統制．各センターは予算達成のために研究開発費の抑制や，逆に予算を使い切るために不急なものを買い求めるなどの行動を誘発し，組織活力の劣化を招く．

(7) 株主価値経営と短期利益思考——在庫肯定の文化遺伝子

「現実には，アメリカ人はますます損益計算書における報告利益だけに関心を持つようになった．多くの場合，市場は短期の今日現在のボトムラインに焦点をあてた．そして役員の報酬を（ストックオプション制度によって）株価と連動させることで，彼らはいっそう今日現在の利益に対する関心を強め，会社の長期的な評判を高めようというインセンティブは失われていった [5]」（ノーベル経済学賞受賞者 Joseph Stiglitz 著の一説より）．

(1)〜(7) の文化遺伝子のすべてが絡み合って，縦統治スキーマを形成した．これらの文化遺伝子の組み換えは，この絡み合いのために容易ではないことも確かである．

7.4 生産パラダイムのシフト——縦統治から横連携へ

フォード方式（縦統治）

フォード方式は典型的な縦統治で，その生産システムは図 7.1 のとおりである．

<特徴>
(1) プッシュ（押し込み生産）で，見込み・大ロット生産を行っている．早め，多めに作るため，中間在庫，完成品在庫が大量に発生しがち．
(2) 生産計画の立て方は，「前詰め日程計画」．受注したら，手が空いていたらすぐに手をつける．そうすれば，機械や人が遊ばずに済む，不良が出ても挽回しやすいという考え方 [6]．
(3) 賃金形態が「出来高給」で，作業者 A，B，C の関係は分断されている．それぞれフル稼働を目指すため，モノの滞留期間は長い．
（次工程および顧客に対するサービスは配慮されていない．）
(4) 職場では，生産高を金額や能率で表示してインセンティブとしている．
（売上高ではなく生産高であるため，顧客サービスは，意識されない．）

トヨタ方式（横連携）

トヨタ方式の原理は，図 7.2 のとおりである．

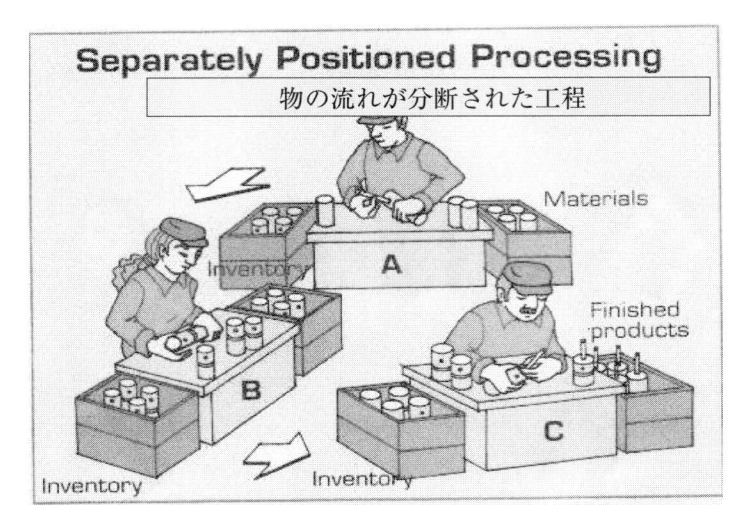

図7.1 フォード方式(縦統治)
出典:The Toyota Production System, Toyota Motor Corporation Public Affairs Division/Operations Management Consulting Division,1998,p.21 より引用

<特徴>
(1) プル(後工程引取り生産)方式で,受注,小ロット(1個流し)生産を行っている.工程Cで完成したものは受注したものであり,完成したものは,倉庫を経由することなく顧客に直行し,すぐに売上代金が入る.
(2) 生産計画の立て方は,「後詰め日程計画」で,納期から前工程に遡って設定し,納期ギリギリまでスタートさせない(不良や手直しを回避するスキル向上が必要).
(3) 「前詰め計画」から「後詰め計画」に生産計画を切り替えたとき,前工程の機械や人に遊び(資源余剰)が発生するが,この遊びについて:
「A:余った人を解雇する」
「B:遊びはもったいないので在庫を作る」
「C:遊びを温存し,余裕資源を他職場応援や追加受注の消化に活用する」

トヨタ方式とは,Cを選択することにほかならず,またCのみが,経営資源の浪費を最小に抑える意味で,正のサービスを増大させる.A,Bは負のサー

7.4 生産パラダイムのシフト──縦統治から横連携へ　　97

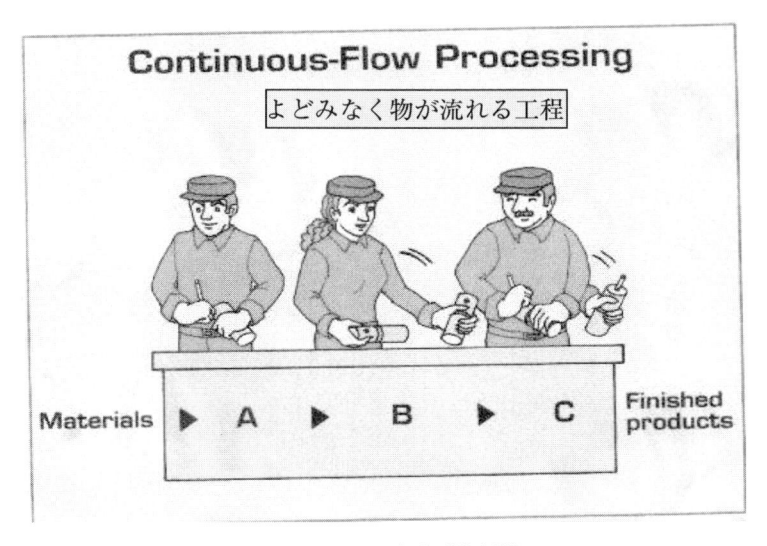

図 7.2　トヨタ方式（横連携）

出典:The Toyota Production System, Toyota Motor Corporation Public Affairs Division/ Operations Management Consulting Division,1998,p.21 より引用

ビスである．

育成購買

　自分の都合という縦統治でなく，相手の都合に合わせて仕事するという横連携パラダイムの登場によって，製造業にサービスという要素が加わることになる．外部の協力業者との関係も，「育成購買」という横連携の形をとる．叩いて合い見積もりを取って，安い方から買うという「旧型資本主義」の縦統治的購買手法に対し，トヨタ方式は，値段の安い方というより「将来伸びそうな方」から買って，生産指導からゲストエンジニア制度などを通じて長期的取引関係を築く．トヨタ自動車工業の元副社長である大野耐一も「下請けを叩いて，安く仕入れるようなことはトヨタ生産方式とはまったく関係ないことだ」と明言する．このことは，トヨタ方式によって，縦統治に代わって，製造業にサービスサイエンスという横連携の要素が組み込まれたことを意味する．

標準手持ち（SWIP: Standard Work In Process Inventory）

トヨタ方式の本質である横連携スキーマであるプル（後工程引取り）方式は，次の「標準手持ち」の仕組みに端的に現れている．

「標準手持ち」とは，自工程の標準手持ち量が5個のとき，今，3個しか手持ち量がなければ，自動的に前工程が加工を始め，5個になるまで加工し続ける．後工程が規定量の5個になれば，前工程の加工はストップする．自分の都合で仕事をしない，仕事は人のためにする，お客様のためにする，次工程のためにするということで，全工程が顧客の要求数を同じリズムで製作する．そこでは，仕事は自分の都合でするものではなく，次工程の要望を満たすためのサービスを行うことが中核的価値観（エートス）となる．

このエートスのもとでは，「標準手持ち」以上に作る，自分だけのための出来高アップは禁じ手で，隣同士の工程が一定のリズム（タクトタイム）で作ることが求められるので，横連携サービスの腕を磨くことが目標となる．

サイエンス

トヨタ方式がサービスサイエンスにおける「サイエンス」に値するか否かについては，次の Spear and Bowen[7] の指摘で納得されよう．「外部の者にとっては，トヨタ生産システムは科学者のコミュニティを創造していることを理解することだということを発見した．トヨタがやり方を定義するときは常に，検証可能な複数の仮説のセットを提示する．つまり，科学的な方法に従っているということだ．どんな変更を行うときも，トヨタは厳格な問題解決プロセスを用いて，現状と解決案の詳細な評価を求める．つまり，提案された変更案の実験的検証である」．[3]

システムスコープの拡大

横連携スキーマの文化遺伝子は，システムの範囲を，工場内の工程間から，設計，開発部門，協力企業，営業，本社へと拡張していく文化遺伝子である．一箇所で誕生したベストプラクティスを迅速に他工場，他事業場，あるいは海外子会社へと伝える文化遺伝子は，まさにトヨタ方式の横連携スキーマであり，

---

[3] Spear and Bowen (1999) p.98（拙訳）

サービスサイエンスそのものといえる．

現実には，リーマンショック後に，トヨタのアメリカでの在庫積みあがり 90 日分（通常の 2 倍）という状況が発生した．これは，アメリカ市場では，営業と生産の横連携が，リーマンの破綻というような急激な環境変化に，なおついていけなかったことを物語る．

一方で，中国の広州トヨタでは，「SLIM（スリム）」(Sales Logistics Integrated Management) という新自動車流通システムが，2009 年 6 月より本格稼動し，生産，物流，販売，納車，アフターサービスまでに存在する全車両が，現在どのプロセスにあるかを，専用大型モニター上で，一台一台把握する横連携のサービス・システムが動き出していた．この，中国で開発された SLIM が，アメリカでは稼動していなかったというタイムラグもあった．トヨタもまた，システムスコープの限界を抱えている．

7.5 サービス価値の測定——トヨタ方式を踏まえて

医療であれ，行政，役所の窓口対応であれ，サービス効率の測定は，サービスの成果（アウトプット）に対する，投入したエネルギー量すなわちインプットである．インプットの増分とアウトプットの増分の増分差額がプラスであれば，その組織体のサービス効率は進化していると評価される．具体的にトヨタ方式における，サービス価値の測定方法を考えてみる．

正味加工時間比率

トヨタ方式の JIT 生産の原理は，正味加工時間そのものの短縮ではなく，全経過時間における正味加工時間比率の向上をねらうということである．端的には，人の労働や機械稼動の強化なしで，モノの停滞時間（＝加工待ち時間＋運搬待ち＋運搬時間）の短縮を通じて，よどみのない流れを実現するのが JIT 生産の本質である．

図 7.2 では，モノが工程途中でとまらずに流れているので，正味加工時間比率（正味加工時間/全経過時間）は，極限理想値の「1」となる．一方，図 7.1 でみる正味加工時間比率は「1/100」程度，つまり停滞時間が正味加工時間の 100 倍を超える．しかし，両者の正味加工時間つまり原価に変化はない．つま

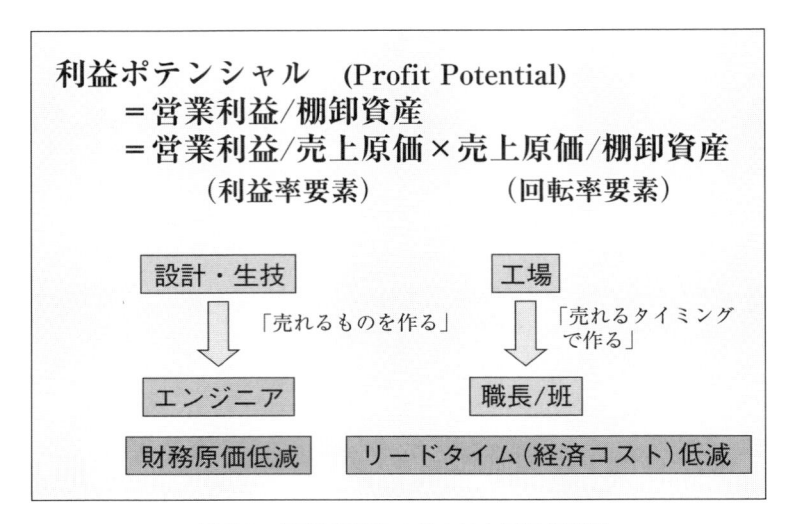

```
利益ポテンシャル   (Profit Potential)
  ＝営業利益／棚卸資産
  ＝営業利益／売上原価×売上原価／棚卸資産
   （利益率要素）         （回転率要素）
```

設計・生技 → 「売れるものを作る」 → エンジニア → 財務原価低減

工場 → 「売れるタイミングで作る」 → 職長／班 → リードタイム（経済コスト）低減

図7.3　TPS原理による本社と工場の連携

り，JIT生産の本質は，会計上の「原価低減」ではなく，正味加工時間比率の向上を目指すことにある．その効果は利益ではなく，資金の回転率向上となる．同一の資金量を何度も使えるようになる結果は，個別企業の存続のみならず国債発行を抑えるマクロ経済政策にも効いてくる意味で，まさにサービス効率の測定指標となる．

縦統治スキーマの所産である現行の財務原価計算制度では，経過時間のうちの加工時間といういわば「陽」の部分だけが原価とされ，「陰」の部分の停滞時間は原価測定の対象外である．21世紀においては，陽からこぼれ落ちて測定されない待ち時間や産業廃棄物という負のサービス，そのリサイクルによる正のサービスなどが，サービスサイエンス社会の「新型資本主義」においては測定されなければならない．

7.6　利益ポテンシャル(PP)——サービスサイエンスの測度

サービスサイエンスの観点から，トヨタ方式を踏まえたサービスサイエンス社会に整合する経営指標PP（利益ポテンシャル）を提唱する．旧型資本主義で

は利益 (P) を追求したが，新型資本主義では，（現在ではなく）将来利益を生む力である「利益ポテンシャル」を追求する [6][4]．目先の利益 (P) だけを見ないで，利益と在庫を同時複眼で見る利益ポテンシャル (PP) は，貸借対照表の総資産と損益計算書上の利益で表現される点で，「総資産経常利益率 (ROA)」とよく似た，いわば ROA フラクタルである．

ROA が，分母（総資産）分子（経常利益）ともに企業全体の収益性評価であるのに対し，PP は工場（生産システム）が投入した価値と創出した価値に分母，分子を限定して，オペレーションの収益性，いわば現場力を評価するものである．現場力こそが，将来の利益とサービスを創出する源泉にほかならないからである．

ROA と同様に，PP も図 7.3 のように分解することができる．PP 算式の含意は，「今期の売上と利益を獲得するにあたり，あわせて来期の準備のためにどの程度の在庫準備をしているか」を問うことにある．リードタイムゼロすなわち在庫ゼロという極限理想に近づくにつれ PP は無限大に増加する．

図 7.3 に示す分解を通じて，PP の変化が，利益率要素によるものかリードタイム要素によるものかが識別され，旧型資本主義の「利益 (P) が多ければそれでよし」というメッシュの粗い思考から脱却する．

トヨタ方式導入の成否は，PP 算式右辺の，「売上原価／棚卸資産」の回転率向上程度で判断する．報告利益の増加以上に棚卸資産が増加している場合，PPは低下する．この場合の利益増は，合法ではあっても，一種の粉飾，ないし会計政策であることが多く，サービスサイエンス社会としては，「負のサービス」との評価が下される．逆に，PP が増加していると，たとえ利益率が悪化していても，それ以上に棚卸資産が減少して，キャッシュ・フローは好転している．この場合の減益はサービスサイエンス社会での評価は，「正のサービス」となる．利益に対する見方が，旧型資本主義と新型資本主義では逆転する．

在庫の含意——売上原価と棚卸資産の関係

工場の一定期間のキャパシティ（C= 生産能力）を一定とすると，C は，当期の売上（売上原価）に向かうか，翌期以降の在庫（棚卸資産）に向かうかの

---

[4] 河田編 (2009) pp.72-80

いずれかである．在庫を増やすと売上が減り，在庫が減ると人員一定で追加売上増の機会が生まれる．在庫減の効用は売上増ひいては利益増という形で現れる．これが，トヨタの過去半世紀の成長パターンであった．

　財務会計的な在庫理解では，この点が逆になる．在庫を減らすと資産が減って，報告利益が減ってしまうという認識になってしまう．旧型資本主義は，ついにこの財務会計スキーマから抜け出ることができなかったといえる．2015年の中国の自動車供給過剰問題の解決のカギも，利益を在庫で割る，PP指標をKPIとして用いた新型資本主義のサービス測定にあると思われる．

マクロ経済政策との接合——貨幣の所得速度

　マクロ経済学的には，経済政策を財政出動と金融緩和だけでなく，貨幣の「回転速度」を可変として，国家レベルのサービス効率の測定を行うことが考えられる．

　「貨幣の所得速度(Income Velocity of Money)」：MV=PY（フィッシャーの交換方程式）では，マネーサプライ(M)を一定，物価水準(P)を一定とすれば，V（貨幣の所得測度）をアップすれば，国民所得(Y)ないし名目国民所得(PY)はアップするはずである．つまり，Y=MV/Pのもとで，MだけではなくVも可変(variable)とする．これが，トヨタ方式から得られる新資本主義対応型の知見である．つまり，単純な貨幣数量説では，貨幣の所得速度V(=PY/M)は一定とされているが，トヨタ方式の観察から得られるように，在庫低減つまりリードタイム短縮は資金回転率，つまりVの増大をもたらす．貨幣の絶対量を増やすことなく，一定の貨幣量でもその流通速度をアップすることにより，使用頻度が増える結果，社会的な富の増大すなわちサービスの向上を図ることができるのである [8][5]．

　ミクロ経済の企業レベルで，単に利益の絶対額ではなく，「利益／在庫」の測定によって，資金効率のアップを通じて将来利益を生む力，つまりサービス効率を測定することに相通ずる思考である．

　アメリカで，エンロン，ワールドコム事件を契機に短期利益偏重による虚偽の会計行為の内部的チェックを義務付けるSOX法が制定され，日本でも，カネ

---

[5] 中谷(1981)p.190 マーシャルのM=k*P*Yにおけるマーシャルのk（比例定数）の逆数が，フィッシャーの貨幣の所得速度V(=PY/M)である．

ボウ，西武鉄道などの会計不正事件を機に「内部統制ルール」を導入してしまった．縦統治経営，旧型資本主義時代の対症療法というほかなく，企業のサービス力の進化にはほとんど寄与しない．サービスサイエンス社会の進化を促す経営指標という観点から改めて発想することが求められよう．

サービスサイエンスを支える認識論（結びにかえて）

　横連携サービスを経営の本質とすべき認識論的根拠は，洋の東西を越えて存在している．老子は「よどみない水の流れ」を説き [9][6]，西田哲学は，「個物というものは，自分自身を否定することによって一般の世界となり，一般は自分自身を否定することによって，個物の世界となる [10][7]」と説く．華厳の教えは，「孤立していない．生物界も，人間の世界も『重々無尽』，相互に関連し，変化し，一が他を包摂し，無数，無限に包摂しあってできあがっている」という [11][8]．

　自然科学の世界からも，サービスサイエンスの必然性を確認しておこう．自然界を観測者とは独立に，そして客観的に存在する「事物」とみなす古典物理学的世界では，素朴実在論の視点からは，自然界は観測活動から切り離すことのできる客観的な存在である．すべての物質は原子と分子に分解して考えれば，古典力学の基礎法則であるニュートンの方程式に従う．現象には原因があり，1つの原因からは1つの結果しかでない [12][9]．この「機械論的世界観」が20世紀初頭のテーラーの「科学的管理法」以降の経営システム，会計の世界，生産システム，工学の世界を概ね支配した．

　これに対し量子の世界は，「波動・粒子」の二重性によって主客不分明となる．「波動性」を読もうとすれば粒子性は消える．だが本当に消えたわけではなく，粒子像を示す実験結果を多数集めて重ね焼きすれば，「波動像」が復活する．量子力学誕生は，社会現象に対する視点の転換を促す．

　以上のことから，主体と客体を明確に切り分ける縦統治な要素還元 (reductionism) 思考から，主体と客体が相互に影響を与えある相互作用主義 (interactionism) 思考，つまりサービスサイエンスへのパラダイムシフトは明らかである．

---
[6] 李耳・庄子 (2008) たとえば第 8 章
[7] 山田（2005）p.65
[8] 司馬（1988, 8 月号）p.77
[9] 並木（1992）pp.72-74

第8章 サービスサイエンスから見た医療サービスの現状と課題

8.1 医療技術の発達と病院が抱える諸問題

19世紀中頃までの医療は，医師の問診・聴診・触診などの限られた診療から診断を決定し，医薬品の投与や外科手術による治療が中心であった．しかし，19世紀末から20世紀初頭にかけて，RöntogenによるX線の発見，Korotkovによる血圧測定法の開発，Einthovenによる心電計の開発などの技術革新により，従来の診断精度とは比較にならないほどの成果がもたらされた [1]．

20世紀になると電子工学・情報工学の急速な発展により，コンピュータ断層撮影装置 (CT：Computed Tomography)，磁気共鳴画像装置 (MRI)，PET (Positron Emission CT) などが開発され，従来のX線撮影検査では不可能であった病因を診断することが可能となった．

手術方法においても目覚ましい発展があり，経皮的冠状動脈形成術 (PTCA)，脳動脈瘤コイル塞栓術，体外衝撃波結石破砕術 (ESWL)，内視鏡下手術，画像支援ナビゲーション手術，ロボット式手術装置（da VinciやZEUSなど）が開発された．また，人間の臓器や器官の機能不全を代行する生体インプラント用具として，人工心臓弁，人工心臓ペースメーカ，人工骨，人工関節，眼内レンズ，人工内耳などの利用も広く用いられるようになった．

このように様々な医療技術の急速な進展が，的確な診断と治療の選択肢を増やし，病因の早期発見，低侵襲医療の実現，療養後の早期社会復帰，生活の質 (QOL：Quality of Life) の向上をもたらした．しかし，医療の専門知識を圧倒的に有する医師とそれを受療する患者間には，パターナリズム（父権主義）に伴う介入・干渉が起こりやすい．この状況は20世紀以前の医療現場に見られ，医師が患者の治療全般を一方的に決定し，患者がその治療方針に従うものであっ

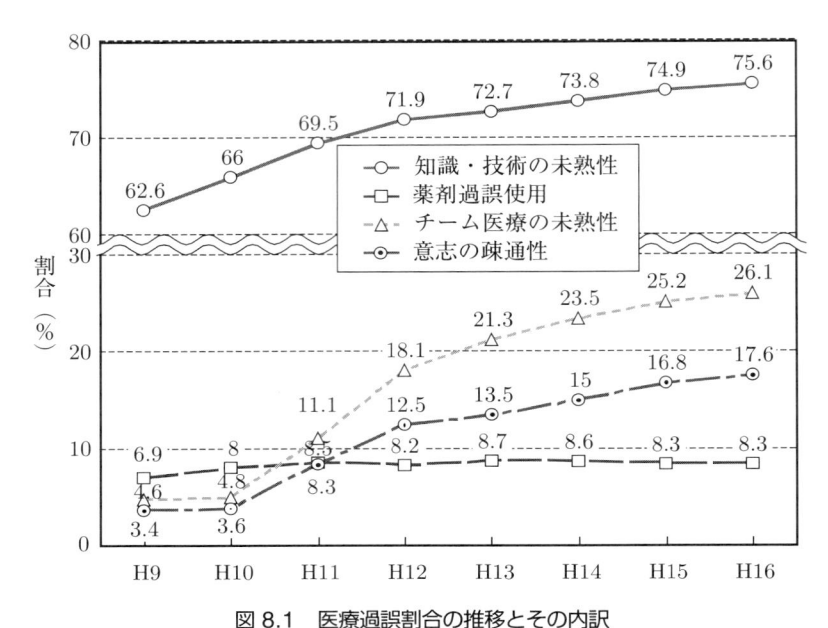

図8.1 医療過誤割合の推移とその内訳
出典:医療事故調査会調査データをグラフ化

た.さらに,21世紀初頭になると,医療の専門領域の細分化・高度化とともに診療業務の煩雑さから,患者の取り違い,輸血ミス,医薬品の誤投与,医療機器の不適正使用などの医療過誤が多発し,しばしばマスコミでも報道されるようになった.このことは,患者や家族に対して医療の不信感を増長させるだけでなく,医療訴訟に発展するケースも増加した.

最高裁判所の医療関係訴訟に関する統計によると,1990年前半はせいぜい400〜500件／年であった医療訴訟が,2004年には1110件にまで増加している[2].また,医療事故調査会は,1995年4月〜2005年3月末までに発生した医療事故733件から医療過誤割合の推移を要因別に分けた結果,医療スタッフの知識・技術の未熟性によるものが多いことが明らかとなった(図8.1)[3].

この現状を鑑み,厚生労働省は2002年10月に医療安全対策のための医療法施行規則の改正を通知し,すべての病院・有床診療所に対して安全管理のための指針整備,委員会開催,職員研修実施,事故等の院内報告などの方策について義務化した[4].このため,医療機関は医療過誤の撲滅と医療の質を担保するため

の行動計画が急務となり，根拠に基づく医療 (EBM：Evidence-based Medicine) の実践や患者本位の医療のために，医師の説明責任と患者の自己決定権を尊重するインフォームド・コンセント，カルテ開示，セカンドオピニオンなどの考え方が徐々に定着するようになった．

一方で，医療機関では，病院設備の整備に加え，特定医療機関を中心に，従来の診療行為ごとに計算する「出来高払い」方式とは異なり，入院患者の病名や症状をもとに手術などの診療行為の有無に応じて，厚生労働省が定めた1日当たりの診断群分類点数をもとに医療費を計算する新しい定額払いである診断群分類包括評価 (DPC) の制度導入が 2003 年の試行以来進展した [5]．このことから，入院診療費の収益減や在院日数延長に伴う医療費減額が発生するとともに，患者の安全に有効なシステム導入や人的チェック体制の強化によって支出が増加し，今まで以上に必要な設備投資や人件費など，健全な病院経営を前提に医療活動を考えられるようになった．

このため，医療機関では DPC 対策として，特定の疾患や手術・検査ごとに治療のルーチンワークをチャート様式にまとめ，医師，看護師，コ・メディカル，患者が治療経過の情報を共有し，必要なケアを適時に患者に提供するクリニカルパスの導入が不可欠となった．

医療サービスはこのような病院の現状を前提にサービスサイエンスとして議論しなければならない．

8.2 患者が病院に期待する医療サービス

我が国の医療は，公と民の役割分担が明確でなく，国民皆保険制度を基盤とする画一的な平等主義による非営利的サービスである．

医療サービスと他産業のサービスとの共通点は，顧客ニーズに対する満足達成がサービスの目標であるが，相違点は他産業では品質の良い画一化した製品や付加価値の高い商品を安価に提供することで顧客の購買意欲を増加させるのに対して，医療サービスは患者の QOL (Quality of Life) 改善に関わるサービスを最優先するが，患者ごとに病態が異なるため，患者が抱いていた期待値と現状を比較して，患者自身が医療の善し悪しを主観的に評価することにある．また，療養中の病院設備の快適さや医療スタッフの対応（接遇）も医療サービス

として間接的に評価される．そのため，病院経営者による病院環境や職場の改善努力とともに，病院職員の意識改革や教育，個々の努力が必要となる．

このような意味でホテル業の顧客サービスの「おもてなしの心 (hospitality)」と類似しているが，医療サービスは病態の改善や生命の維持のため仕方なく受療するサービスである．しかし，医療ミスで患者が死亡または重篤な障害が残った場合，その賠償額は治療費とは比べものにならない高額なものとなる．また，一方で医療ミスに関与した医療スタッフの精神的なダメージも発生し，医療活動が消極的になることもある．

患者が病院に期待する医療サービスは，「安心」「納得」「満足」に区分することができ，「患者満足度」として評価される：

- 「安心」には，最新の医療機器を使った「医療の質確保」，経験豊富な医療スタッフ（専門医）の充実度，安全な医療提供が挙げられる．
- 「納得」には，前述したように検査・診断・治療方針のわかりやすい説明と患者さんによる意志決定（インフォームド・コンセント）や，カルテ開示，クリニカルパスの提示が挙げられる．
- 「満足」には，病院施設が新しく，清潔に整理されていることや，医療スタッフの丁寧な応対が挙げられる．

Donabedian は患者満足度について，「患者満足度はケアの質の評価であり，主に患者の期待と評価に関連する特別の質に関する要素がある．満足度は，本質的に個人的な質の定義であり，絶対的 (技術的) かつ社会的な定義とは矛盾するものである」と定義し，「患者の健康と満足を達成しているかどうか」が医療の究極の指標であるとし，医療の質における患者満足の重要性を強調している [6]．もちろん，満足感だけを強調するのは危険であり，生物医学的な効果もあがってこそ，はじめて良質な医療としている．

一方，Herzberg は労働者の仕事に対する態度は，(1) 外的要因（労働条件，安全性，組織の方針，給料に対する不満）と，(2) 内的要因（認識，成長，責任を負う満足）の 2 つの要因が影響を与えるとした [7]．

このことから，患者満足度を良好に保つには，医療スタッフのスキルや資質だけでなく，労働環境の整備や処遇改善にも留意しなければならないことがわかる．

8.3 患者満足度の評価要因

　世界保健機関 (WHO) は，「World Health Report 2000」で医療システムを評価する新しい概念として，応需性を提唱した [8]．

　応需性は，患者の権利に関連する「個人の尊厳」「個人の自律」「プライバシーの保護」の 3 項目と，患者の満足に関連する「コミュニケーション」「迅速な注意」「社会支援ネットワーク」「基本的アメニティ」「診療施設の選択」の 5 項目からなっている．また，厚生労働省統計情報部では 1996 年以降の受療行動調査において，患者満足に関連してこの 8 項目の調査を行っている．

　一方，A. Parasuraman らが開発し，アメリカマーケティング協会 (AMA) の権威 Philip Kotler が推奨する「サービス品質」の要因がある [9]．サービス品質には，人の能力と直接関係する「コミュニケーション」「能力」「丁寧さ」「反応の早さ」「顧客の理解」の 5 要因と，人以外と関係する「アクセス」「信用性」「信頼性」「安全性」「視認性」の 5 要因がある．

　これを医療サービスに対応付けて具体例を示すと次のようなものとなる [10]．

(1) 人の能力と直接関係する 5 要因

① **コミュニケーション**：相手が理解できる言葉で正確にわかりやすく説明されていること．**具体例**：患者との対話，医療スタッフ間の意思伝達，病院案内，病院ホームページなど．
② **能力**：医療スタッフは必要な医療技術と知識を身につけていること．**具体例**：医療スタッフの専門技術・知識，専門医認定など．
③ **丁寧さ**：医療スタッフが親切で思いやりがあり，丁寧であること．**具体例**：患者接遇のための話し方や行動．
④ **反応の早さ**：医療スタッフが患者の要求や問題に迅速かつ創造的に対応していること．**具体例**：患者主訴の把握，患者監視モニターの導入，ナースコール・PDS の活用など．
⑤ **顧客の理解**：医療スタッフが患者ニーズを理解するよう努力し注意を払っていること．**具体例**：診察時間の確保，インフォームド・コンセントなど．

(2) 人以外と関連する5要因

① **アクセス**：病院までのアクセスが容易で待ち時間が少なく，時間的にも便宜性が大きいこと．**具体例**：患者待ち時間の短縮，駐車場の整備など．
② **信用性**：患者プライバシーの遵守などに対して，医療機関とスタッフを信用できること．**具体例**：個人情報保護の規律遵守，カルテの保管など．
③ **信頼性**：サービスに一貫性があり，正確に行われていること．**具体例**：クリティカルパスの導入，問題志向型診療録（POMR）の導入．
④ **安全性**：サービスが安全であること．**具体例**：院内安全組織体制の確立，医薬品・医療機器安全性情報の把握など．
⑤ **アメニティ**：アメニティなどサービスのクオリティが正確な形として表現されていること．**具体例**：病院設備・医療機器の整備，バリアフリーなど．

健康保険組合連合会は，株式会社日本リサーチセンターが保有する全国のNRCパネル6万4087人から，地域・都市規模等の母集団比率に応じて層化し，2000人を抽出して行った「医療に関する国民意識調査」（回収数：1263人，回収率63.2％）によると，現在の病院の満足度において，「現在の医療にかなり満足・やや満足」が31.1％，「現在の医療にかなり不満・やや不満」が47.1％，「どちらともいえない・わからない」が18.9％となり，現在の医療機関への要望は全体の79.7％にものぼることを明確にした（図8.2）[11]．

また，同調査から，患者が医療機関に要望する内訳は，待ち時間の短縮，病状の説明，時間外医療，セカンドオピニオン，医療スタッフの接遇，アメニティの改善などがあることがわかった（図8.3）．

また，平成13年度医療施設経営安定化推進事業における「患者指向経営の取り組み状況と経営状況の関係性」の研究報告書によると，調査対象の一般病院618施設（回収率17.7％）の病院職員についての設問（項目）別の問題率と相関係数（入院）は，概ね，右上がりに分布していた（図8.4）[12]．なお，グラフの右斜め上方に位置する程，問題率が高く，総合評価との相関係数も高くなることから，対策の必要性が高く，より重要な項目に「医師の病状・治療方法に関する説明」や「医師への信頼感」「看護の方法・支援」などがあることがわかる（図8.4）．一方，下位には薬剤師に関する項目が並んでおり，これは逆に言うと薬剤師は患者の問題対象にはなっていないことを示す．また，受付等の

8.3 患者満足度の評価要因

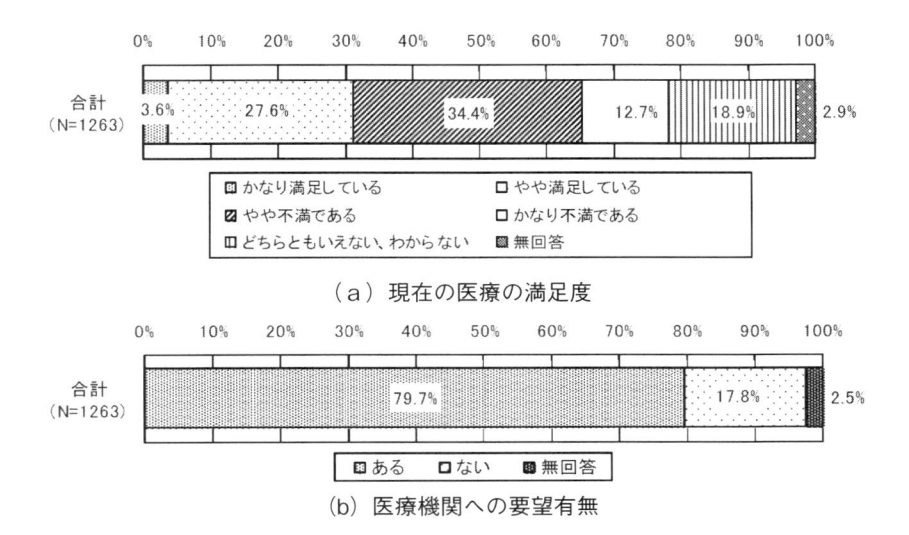

(a) 現在の医療の満足度

合計（N=1263）: かなり満足している 3.6%, やや満足している 27.6%, やや不満である 34.4%, かなり不満である 12.7%, どちらともいえない・わからない 18.9%, 無回答 2.9%

(b) 医療機関への要望有無

合計（N=1263）: ある 79.7%, ない 17.8%, 無回答 2.5%

図 8.2　医療機関への満足度と要望

出典：健康保険組合連合会「医療に関する国民意識調査」より引用

説明や接遇態度も問題を感じる部分として挙げられ，事務職員での対応改善が求められる．

以上のことから，患者に好印象を与えるためには，以下のような改善があり，これらの要素はホテル業界のサービスと同じである．

(1) 設備 ⇒ 広く明るい空間は患者の気持ちを明るくする．
(2) 清潔感 ⇒ 廊下・待合室・診察室のごみをなくし，感染防止に注意する．
(3) きびきびした行動 ⇒ 仕事の質が高い印象と安心感を与える．
(4) 挨拶 ⇒ 人間関係を結ぶ基本行動を遵守する．
(5) 表情 ⇒ 医療スタッフは笑顔で接する．

しかし，患者満足度は患者が受療の中で体感するものだけでなく，次に説明する医療の質の確保とも関係する．

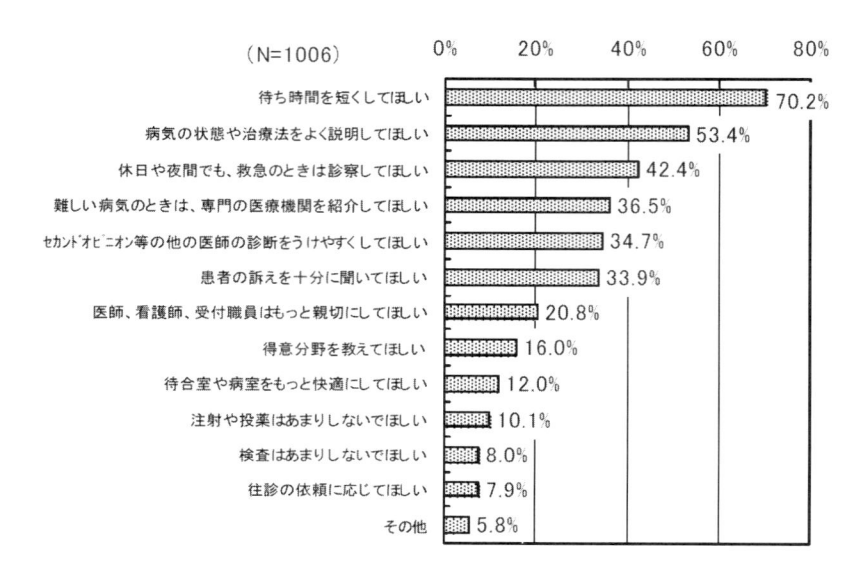

図 8.3 医療機関への要望内訳（複数回答）
出典：健康保険組合連合会「医療に関する国民意識調査」より引用

8.4 医療の質とその評価

E.Codman は，病院にとって，その製品とは患者に対する治療の成果であり，治療を受けた患者がどの程度「益」を受けたかが，医療の質を規定すると考えた [13]．また，Donabedian は，「患者満足度は医療の質を患者側の視点で評価したものであり，この医療の質は，「技術的要素」「人間関係的要素」「アメニティ」からなり，これらが各々医療の質を規定するだけでなく，相互作用的である」と述べている [14]．その上，医療行為には多かれ少なかれ危険が伴い，治療を開始する際に利益と不利益のバランスが医療の質の評価につながる．

したがって，医療の質を最終的に判断するのは，医療スタッフの価値観ではなく，それを受ける患者の評価で決まるが，次の医療の質の特性に依存する [10]．

(1) **適切性**：望まれる目的を達成するのに質，量，時間ともに十分な尺度，技術，資源の妥当性で示される．
(2) **継続性**：患者へのケア・介入が医療者と組織の間で調整された程度を表

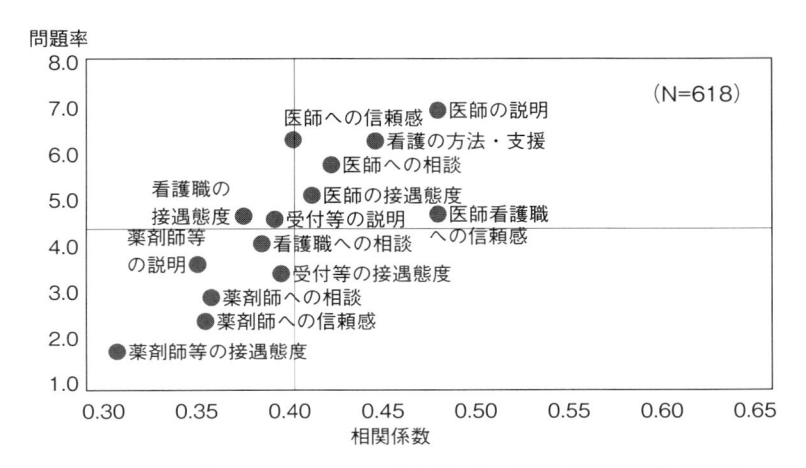

図 8.4 病院職員についての設問（項目）別の問題率と相関係数（入院）
出典：平成 13 年度医療施設経営安定化推進事業報告書より引用

すパフォーマンスの範囲，もしくは時間外労働 (over time) である．
(3) **効能 (Efficacy)**：ヘルスケアの介入，手順，療法やサービスが，ランダム化比較臨床試験のように厳しくコントロールされモニタリングされている状況で，有益な結果を生み出す程度である．
(4) **有効性**：通常のケア条件で望まれるアウトカムを達成するために，ヘルスケアの介入が正しい方法かつ現在の知識レベルで，提供される程度を評価するパフォーマンスの範囲である．

医療の質の評価には，「患者満足度評価」，「結果評価」，施設基準，人員配置などの医療監視に使われる「構造評価」，治療計画内容，手術技術，接遇，臨床指標 (Clinical Indicator) などの「過程評価」とともに，がんの分類と治癒率，延命率 (外科関係)，手術成功率 (医師レベル)，予後不良率，再手術率，再入院率などの「医療技術上の結果」，受療中と受療後の「患者の生活の質 (QOL) 評価」，費用便益分析や費用対効果分析などにより，医療費と医療資源を効率的に使用する「医療経済の質評価」，医療行為の効能，効果，利用度の医療政策面から評価する「社会的レベルでみた医療の質評価」などがあり，患者に対するアンケート調査や診療情報から得られた蓄積データから分析し，評価が行われる．

8.5 病院経営と医療安全のバランス

医療は医師の専門的知識に基づく広範な裁量行為によってその目的を達することができるという側面を有している．しかし，病院では多くの医師，看護師，コ・メディカルによりチーム医療が実践される現状において，EBMを実践するため診療マニュアルに準拠した診療体制が必要であるとともに，病院・診療所などの開設ならびに管理を規定した「医療法」や診療報酬請求に関連する「医療費算定」を無視して病院経営を考えることはできない．

病院の収益を上げるためには，病院機能をシステム化し，生産性を向上させるとともに無駄な支出を減らすことが必要である．一方，医療安全を確保するには，病院設備や医療機器など安全対策やチェック体制強化のためのマンパワー確保など医療費には直接つながらない多くの支出が必要となるが，従来は医療安全の支出は軽視されていた．

しかし，医療法で2002年に医療安全対策の実施が病院に義務付けられるとともに，2007年に「良質な医療を提供する体制の確立を図るための医療法等の一部を改正する法律」（法律第84号）により医療法が改正され，医療機器の安全管理体制に必要な以下の実施が義務付けられた [15]．

(1) 常勤の医療機器安全管理責任者の配置
(2) 医療機器の保守点検の計画策定と保守点検の適切な実施
(3) 医療機器の安全使用のための情報収集と改善策の実施
(4) 医療機器の安全使用についての研修を従業者に実施

このことから，医療安全行動を病院経営の中に不可欠な要件として運用しなければならない中，医療安全が機能する運用が求められる時代となった．

8.6 病院情報システム導入による業務効率化と待ち時間短縮

1980年以前は，患者の受付・登録，医療費窓口の会計，診療報酬請求書（レセプト）の作成など医事会計業務は医事課職員の手作業で行われてきたが，医事会計業務の効率化に伴う患者の会計待ち時間の改善を図るため，病院事務にオフコンレベルの医事会計システムが導入された．この運用は，医事会計窓口

に外来，病棟，中央診療部門で記載された各種伝票が集められ，診察，検査伝票，放射線伝票，処方箋などの記載内容を点数化しデータ入力するため，多くの医療事務専門職員が必要となった．

その後，検査部門では迅速検査の実現と省力化を目的として，自動検査分析装置の導入による臨床検査システムが導入されるようになった．

1990年代になると，病院の限られた部門のシステムだけでなく，病棟・外来と中央診療部門の迅速かつ正確な情報連携を実現し，診察室での既往歴・検査結果などの把握を容易にするため，処方・検査・放射線予約などの各種オーダリングシステム（オーダエントリーシステムとも呼ばれる）や放射線画像診断システム (PACS)，調剤管理システム，手術予約システムなどが加わり，病院情報システム (HIS) の原型が完成した [16]．オーダリングシステムの導入は，医療スタッフ間の正確な情報共有を可能にするとともに，患者の待ち時間の減少，医事課職員の大幅な削減に貢献した．

2000年に入ると，厚生労働省が診療録の真正性・見読性・保存性の3条件を満たすことを条件に電子媒体のみで診療録を記録・保存することを容認したことで，従来の病院情報システムを統合する形で電子カルテシステムが大病院を中心に導入された．そして，医療スタッフ間の情報共有，患者さんへの治療方法の説明，オーダ内容と医薬品・医療材料のクロスチェックなどに活用されるようになった．しかし，システム導入に必要な初期投資や運用経費が高額になるため，電子カルテシステムの導入を躊躇する病院も少なくない．

病院情報システムの発展過程におけるシステム導入の初期投資経費，業務効率・精度向上，支出抑制・病院経営，医学教育・研究への貢献度を比較すると表 8.1 のようになる [17]．

しかし，支出抑制や病院経営に役立つ物流管理システムや原価計算システムの導入は，医薬品や医療機器・材料にバーコードを貼付し，それを読み取るシステム運用が必要である．そのため，多くの病院で導入されず，医療資材や人件費の削減に貢献していない．

8.7　医療サービスを担保する医療安全の実践

医療サービスを根底から揺るがすものに，医療スタッフの医療ミスがある．

表 8.1 各種病院情報システム導入の貢献度比較

No.	システム名	初期投資経費	業務効率精度向上	支出抑制病院経営	教育研究
1	医事会計	◎	△	○	△
2	臨床検査	○	○	○	◎
3	オーダリング	△	◎	○	○
4	画像診断	○	◎	△	○
5	物流管理	◎	○	◎	△
6	原価計算	○	○	◎	○
7	電子カルテ	△	◎	○	◎
8	地域連携	○	△	△	○

(◎は最適,○は良,△は要注意を示す)

そのため,患者の安全を図るため,「ヒト」「モノ」「運用」の各方向から,如何に安全が実践できるかが重要となる.

病院において,すべての医療スタッフが一定基準以上の安全を担保するためには,以下に述べる観点から,安全行動計画を策定し,計画 → 実行 → 点検 → 行動の PDCA サイクルを実践する必要がある [18].

(1) 安全確保のための組織体制(クリニカルガバナンス)
(2) 円滑な意志伝達の改善(コミュニケーション)
(3) 医薬品・医療機器の種類を最小限度に留める
(4) 医療機器・設備の使いやすさの改善(ユーザビリティ)
(5) インシデントレポートによる再発防止対策
(6) 標準化に基づく情報共有と問題分析
(7) 患者リストバンド採用による患者誤認防止
(8) 医薬品・医療機器のバーコード活用

これらの一部は,診療体制の見直しや診療業務に対する危機意識によって改善するが,医療ミスの多くがヒューマンエラーに介在するため,人間のチェック体制だけでは,診療業務に潜む危険性を改善し解決することはできない.

そのため,院内での「ヒト」と「モノ」の動きを観測し,いつ,どこで,誰が,誰に,何を,どうした,情報がどこからでも把握・保存できる医療資材物

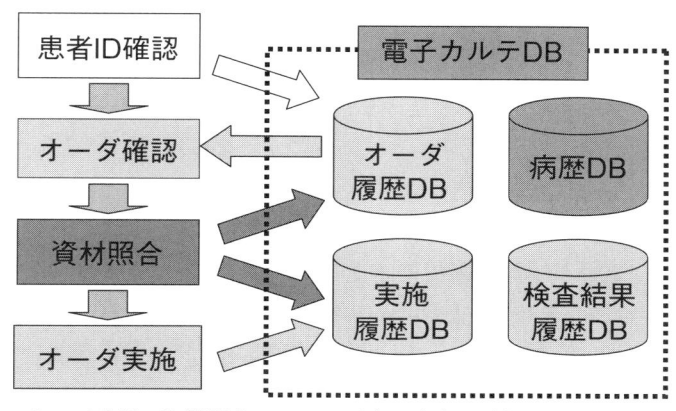

図8.5 オーダリングと実施確認を加味した電子カルテシステムの概念

※オーダ確認・資材照合によって医療の安全は確保される

流管理システムが有効となる[19].

具体的には，院内で使われるすべての医薬品や医療機器・材料にバーコードを貼付する．また患者のリストバンドに患者IDを示すバーコードを付けることで，電子カルテシステムにおけるオーダ実施直前に使用する医薬品や医療材料と当該患者の資材照合を行うことで，医療スタッフの目視だけに頼るチェック体制を補完することができる（図8.5）．

8.8 医療安全に必要な標準化とインフラ整備の必要性

財団法人医療情報システム開発センター(MEDIS-DC)は，電子カルテシステムで扱われる用語・コードの標準化推進として，標準病名マスタ，標準手術・処置マスタ，標準医薬品マスタ，標準臨床検査マスタ，標準医療材料データベースなど標準マスタを開発し，インターネットによるダウンロードサービスを行っている[20].

また，厚生労働省医薬食品局は，医薬品の取り違え事故の防止及びトレーサビリティの確保を推進するため，「医療用医薬品へのバーコード表示の実施について」（薬食安発第0915001号）[21]を2006年9月に通知した．そして医療用医薬品の使用単位ごとに製品を特定できるよう，欧州と米国の商品コード標準

化組織 (EAN と UCC) の統合に伴い策定された国際標準商品コード (GTIN：Global Trade Item Number) を基本に RSS（2010 年以降「GS1 DataBar 合成シンボル」と名称変更）の表示推進を図った．このことで，大部分のアンプル，バイアルの 1 本単位で RSS が表示されるようになった．

　また，厚生労働省医政局経済課は，製造販売業者から医療機関までの流通管理を精緻化し，物流の効率化，高度化および医療事務の効率化並びにトレーサビリティの確保および医療事故の防止を推進するために，「医療機器等への標準コード付与（バーコード表示）の実施について」（医政経発第 0328001 号）[22] を 2008 年 3 月に通知した．製造販売業者に対して，医療機器の個包装への GS1-128 バーコードの表示推進を図ったことで，今日では特定保険医療材料の大部分に GS1-128 が表示されるようになった．

　一方，米国食品医薬品局 (FDA) は，2007 年に医薬品・医療機器の偽造品防止，医療過誤等へのリスク回避，医療過誤における賠償金の増加，医療機関からの強い要請などの社会的ニーズを受け，FD& C Act (Federal Food Drug & Cosmetic Act：連邦食品医薬品& 化粧品規制法）の改正として，医療機器固体識別システム (UDI) を確立する規則を設けた [23]．また，2010 年には，医療機器規制国際整合化会議 (GHTF) が医療機器の UDI ガイダンス（ドラフト）を提案した．このことから，わが国の標準バーコードの単品識別にも影響を与えることが予想される [24]．

　このように，医薬品・医療機器・材料の安全使用に不可欠な製品識別が可能となる GTIN インフラが世界的に整備されてきた今日，これを医療機関の医療資材物流管理システムの中で導入することが容易になっている．さらに，日常の医療資材の使用実態を使用履歴から分析することで，病院が保有する医療資材のムダや業務上の不安全行動を把握することが可能となろう．

8.9　おわりに

　医療サービスは，多くの場合，「患者満足度」に依存するが，病院機能の効率化とともに医療の質の担保が前提となる．しかし，医療において医療ミスが起こりやすい環境においては医療サービスを担保することは難しく，医療の質を確保するための PDCA サイクルの実践が必要となる．

病院情報システムが多くの病院に導入された今日，医療の質と医療安全を確保するため，稼働している電子カルテシステムやオーダリングシステムの活用が望まれる．特に，医療資材標準コードがGTINに統一してきたことから医療資材物流システムの導入において医療安全と病院経営を図る上で，医療サービスの貢献につながるであろう．

　今後，医療サービスの充実には，病院においてITインフラの整備とともに関係省庁のIT推進の推進政策が必要である．

第9章

サービスサイエンスから見た
サービス業の現状と課題

9.1 サービス業の生産性改革の歴史

　改めて言うまでもないが，サービスサイエンスとは「サービスを科学する」という意味である．つまり，サービスの中身，提供レベルを計量的に評価・分析し，より効率良く，よりレベルの高いサービスの提供を行う，という内容である．そこで本章は，このような「サービスを科学する」という視点からサービス業の現状と課題について分析する．

　考えてみれば日本は，製造業における合理化・効率化についてはトヨタを代表に「乾いた雑巾をさらに絞る」といわれるほど徹底的に行ってきた．その結果日本の技術の評価は高く，日本製品は世界中に信頼され浸透している．しかし，モノでないもの，すなわちサービスの分野では世界的に優れているという評価はあまり聞かない．

　20年ほど前に製造業の労働者をブルーカラーと呼んでいたのに対して非製造業の労働者をホワイトカラーと呼び，ホワイトカラーの生産性を向上しなければならない，という動きがあった．1991年に日本LCAの小林会長がDIPSという方法でホワイトカラーの生産性向上と時短の推進を提唱し，1993年には米国MITの教授マイケル・ハマー氏らがBPR(Business Process Re-engineering)を提唱し，既存の組織やビジネスルールを抜本的に見直し，プロセスの視点で職務，業務フロー，管理機構，情報システムを再設計する，という理論を発表した．しかし，いずれも一時的にブームにはなったが，継続されるまでには至っていない．

　その結果，日本の国際競争力の評価（スイスのビジネススクールの経営開発国際研究所 IMD:International Institute for Management Development が公表

表9.1 スイスIMDによる国際競争力2010年

順位	2010年	2009年時の順位	2008年時の順位
1位	シンガポール	3位	2位
2位	香港	2位	3位
3位	アメリカ	1位	1位
4位	スイス	4位	4位
5位	オーストラリア	7位	7位
…	…	…	…
20位	中国	18位	17位
…	…	…	…
27位	日本	17位	22位

表9.2 平成19年日本の産業別有業者数と比率

	有業者数（千人）			割合(%)		
	総数	男	女	総数	男	女
第1次産業	2,749	1,602	1,148	4.2	4.2	4.1
第2次産業	17,124	12,577	4,547	26.0	32.9	16.4
第3次産業	46,104	23,996	22,108	70.0	62.9	79.5

出典：総務省統計局　平成19年就業構造基本調査

した2010年の世界競争力）では先進国55カ国内で27位，ビジネスの効率性では27位，中でも政府の効率性に関する項目で，法人税は55位，政府債務は54位と最下位クラスになっている．

日本が世界に誇るのは技術力だけになっている．これでは日本の活性化にはつながらない．なぜなら，サービス業への就業比率が圧倒的に高いからである．日本のサービス業への就業比率は70%，米国は80%といわれ，先進緒国でのサービス業の就業比率はいずれも70%を超えている．その世界的な流れの中でサービス業の生産性が低いとなると，日本の衰退は避けられない．

そんな中で脚光を浴びつつあるのが，サービスサイエンスである．民間サービスだけでなく公共サービスのサービスレベルが低いことが現状の日本である．これらをいかに向上させ，イノベーションするかが大切である．米国のIBMはいち早くサービスサイエンスを研究し，本業であったコンピュータの製造を中国のレノボに売却し，コンピュータサービスを本業に据えた．また，トヨタは

レクサスという高級車を車という機能性のモノではなくてインテリアサービス，先端テクノロジーサービスという芸術的サービス品という捉え方で提供している．このように，製造業もサービスサイエンス化しつつあり，変化していかなければ生き残れないため，サービスサイエンスへの研究は近年熱を帯びてきている．

9.2　サービス業の種類

　サービス業といっても，その種類および範囲は広くかつ曖昧である．日本標準産業分類は，統計調査の結果を産業別に表示する場合の統計基準として，事業所において社会的な分業として行われる財貨およびサービスの生産または提供に関わるすべての経済活動を分類するものである．統計の正確性と客観性を保持し，統計の相互比較性と利用の向上を図ることを目的として，昭和24年に設定されている．その具体的な内容は事業所において行われる農業，建設業，製造業，卸売業，小売業，金融業，医療，福祉，教育，公務などすべての経済活動を，大分類，中分類，小分類および細分類の4段階に分類したものである．

　表9.3で大分類のAの農業・林業からEの製造業までの産業以外をサービス業とすると，サービス業の範囲はかなり広くなる．

　例えば**表9.4**のように個人向けサービス業，事業所向けサービス業といった区分が用いられることもある．

　また，一般的なサービス業の分類としては，**表9.5**のような分け方もある．

9.3　サービス業の特徴と課題

　オイルショックやアジアからの追い上げといった向かい風をトヨタの「カイゼン」に代表される徹底した効率化によって切り抜けてきた日本の製造業は，米国とほぼ同水準の労働生産性である．しかしサービス業は米国と比較するとかなり低くなる．**図9.1**および**図9.2**の日米比較と日英比較によると，いずれも電気・ガスを除いて日本の非製造業の生産性は劣っていることがわかる．また，社会経済生産性本部の分析によると1991年から2005年の15年間で製造業が毎年生産性を平均3.1%上昇させてきたのに対して，サービス業は年率0.3%の

表 9.3 日本標準産業分類による大分類の産業

分類	産業	分類	産業
大分類 A	農業,林業	大分類 K	不動産業,物品賃貸業
大分類 B	漁業	大分類 L	学術研究,専門・技術サービス業
大分類 C	鉱業,採石業,砂利採取業	大分類 M	宿泊業,飲食サービス業
大分類 D	建設業	大分類 N	生活関連サービス業,娯楽業
大分類 E	製造業	大分類 O	教育,学習支援業
大分類 F	電気・ガス・熱供給・水道業	大分類 P	医療,福祉
大分類 G	情報通信業	大分類 Q	複合サービス業
大分類 H	運輸業,郵便業	大分類 R	サービス業(他に分類されないもの)
大分類 I	卸売業,小売業	大分類 S	公務(他に分類されるものを除く)
大分類 J	金融業,保険業	大分類 T	分類不能の産業

出典:総務省統計局 平成 19 年度改訂版

表 9.4 サービス業の分類(ユーザー別)

個人向けサービス業	事業所向けサービス業
理容美容	法務,税務
旅行	エンジニアリング
娯楽(映画,サッカーなど)	物品賃貸(リース)
自動車整備	

表 9.5 サービス業の一般的な分類

宿泊サービス	レジャーサービス	金融サービス
教育サービス	情報サービス	医療サービス
レンタルサービス	専門技術サービス	アウトソーシングサービス
郵便	運輸(物流)	交通
通信	外食	エネルギー
エンターテイメント	コンサルティング	

伸びに留まっている.

なぜサービス業の生産性が上昇しないのかについては,次のような指摘がある.

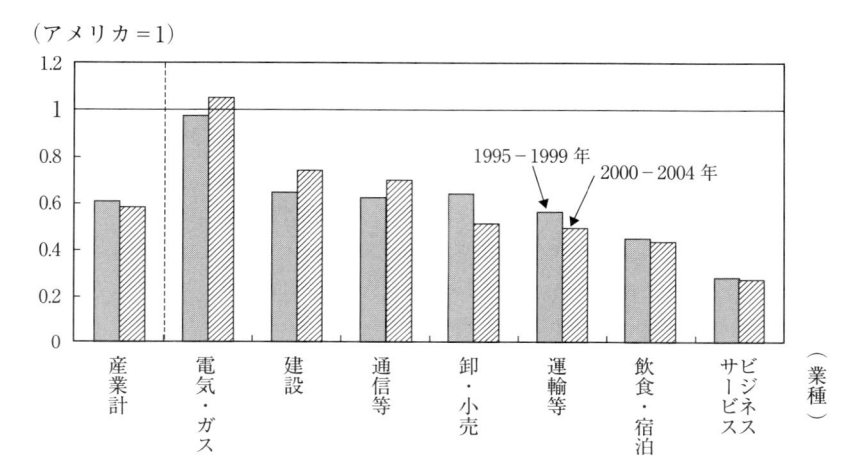

9.3 サービス業の特徴と課題　125

(アメリカ＝1)

図 9.1　主要な非製造業の業種別労働生産性水準の比較（日米比較）

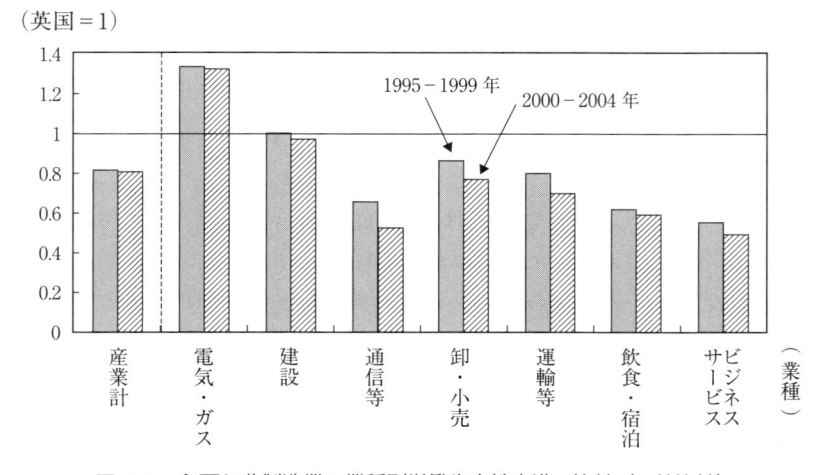

(英国＝1)

図 9.2　主要な非製造業の業種別労働生産性水準の比較（日英比較）

(1) サービス業は真似されやすい．
(2) 日本の消費者は品質に厳しく，ニーズも多様化している．
(3) 個人の経験や能力に依拠するサービスが多く，サービスの生産量にも限界がある．
(4) 大量生産，大量販売（規模の経済が機能しない）ができず，業績拡大が

難しい．
(5) サービスは製品と違って海外への輸出が難しい．

これらの指摘の背景には，製造業などモノを扱う産業とは異なる特徴を有していることが挙げられる．それは，次のようなものである．

(1) サービスは形がない：**無形性**
(2) 作りだめすることができない：**非貯蔵性**
(3) 同じ品質のものを繰り返し作れない：**非均質性**
(4) 作ると同時に消費される：**同時性**
(5) 返品が効かない：**不可逆性**

これらの点があるため，今までなかなか効率化や生産性向上が難しいと言われてきた．

無形であるが故に，サービスは真似されやすくなる．また，生産と消費が同時に行われるため，規模の経済を働かせた大規模化は容易ではなく，海外展開する際には必然的に現地化が必要になるため，量産が難しい．

生産性が上がらない要因はこれだけではない．日本のサービス産業独特の問題がある．消費者の過剰品質要求，細かすぎるニーズといった需要側の問題，サービスの差別化ができず，結果的に周辺事業者と同質のサービスになってしまう供給側の問題があるため，生産性が損なわれていると言われる．

海外展開においても問題がある．日本のサービス業はそのほとんどが海外進出をしていない．そもそもそのような発想がない．海外における需要面では，異なる文化的背景・ビジネス環境など，国内市場とは異なるニーズやルールがある．海外での供給面においても，経営人材が不足していることや，グローバル仕様になっていない仕組みが立ちはだかる．

しかし，世界を見渡せばサービス業でグローバルに成功している企業はいくつかある．生産性が低いと呼ばれる日本の宿泊業界において，近年日本に進出しているマンダリン・オリエンタル東京，ペニンシュラ東京，ザ・リッツ・カールトン東京は，客室数を抑え大規模な宴会を廃し，高所得層の宿泊をメインとすることで客室回転率，客室単価を上昇させている．

その結果，国内大規模ホテルの1日1室当りの客室売上高に対して2倍以上

の水準を誇っている．成功要因は，適切な顧客ターゲットと高付加価値サービスの開発にあると考えられる．このような例は他にもあり，方法を変えれば生産性向上を実現できるのである．

9.4 サービス業界の誤解

　サービス業界では，モノと違うサービス業独自の特徴があることから，以下のような生産性向上を妨げる問題が存在すると考えられていた [1]．しかし，それらは本当にサービス業だからこその問題なのかどうか疑わしい．サービス業が過去に投資や研究を怠ってきたための誤解ではないかと指摘しておく．

(1) お客様は神様ですというようなサービス業では，顧客の望みを何でも聞き入れ，何でもサービスに反映することが正しいと考えられている．その結果，サービスの内容が過度に多様化し，過剰仕様で生産性を下げる結果につながっている．しかし，顧客の望みを何でも聞き入れることが正しいとは言えない．顧客は神様ではなく，対等の相手として情報交換し，時には教育することも必要である．顧客管理の構築方法と運営方法が間違っているケースがあるのではないか．

(2) サービス業は製造業とは異なり業務の効率化が難しい．サービス業は生産と消費が同時に行われるため，業務プロセスを細かい工程に分解し，それぞれの工程ごとに効率化を図ったり，工程全体を見直したり，最適化を図るなど，効率化がしづらい．この問題は以前から言われているが，業務の可視化やプロセス改革，IT化が不十分ということが考えられはしないか．

(3) サービス業の大規模展開は難しい．サービス業は労働集約型産業であり，大規模化すればその分だけ店舗数や従業員数が増えることになり，その結果，品質や人員確保が困難となる．
　　これは，大規模化できるように業務（ビジネスプロセス）を標準化したり，IT化したりする工夫が足りないのが問題ではないか．

(4) サービス業に研究開発は必要ない．サービス業は製造業とは異なり，技術革新やイノベーションがサービス開発のためには必要である，という

考え方が浸透しておらず，研究開発に熱心に取り組む企業が少ない．

これは，研究開発の必要性や効果，取り組み方が十分に理解されていないことが問題と考えられる．

(5) 3K業種であり人が集まらない，育たない．サービス業は，長時間労働や立ち仕事などにより，労働者から敬遠されがちである．

これは，3K環境を放置していることが問題であって，人を育てるノウハウが不足しているのではないか．

(6) 過当競争・コストダウン競争に巻き込まれ品質や収益が低下しがちである．日本のサービス業の品質は高いが，価格に反映できていない．品質を上げても客単価に反映できない．逆に，同業他社が多すぎる市場において他社が価格を下げれば自社も下げる，他社がサービスの品揃えを増やせば自社も増やすという行動の繰り返しで疲弊を招く．

この問題は，顧客に自らのサービスの付加価値を十分に説明できていない，あるいは十分宣伝できていないことが原因ではないか．

(7) サービス業のグローバル展開は難しい．国内市場とは異なる文化的背景やビジネス環境に対応させて事業を展開することは簡単ではない．

これは，海外マーケットをターゲットとする視点，海外需要に対する情報収集力が欠けていることが問題ではないか．

上記のようなサービス業の生産性向上を阻害する問題認識は，業界の固定観念として捉えられていたが，よくよく考えてみると単なる知識不足かもしれない．実際に，これらの問題点を克服し，業績を向上させている企業が存在する．

9.5　付加価値を高めたサービス業の改革事例に学ぶ

(1) 株式会社とち亀物産の事例

衰退が続く食品卸売業で，ネットビジネスで業績拡大に成功

今から13年前に29歳の若さで4代目社長となった上野氏は，和歌山県有田郡湯浅町というところで，年商2億円弱の零細規模で地元の農家から仕入れた食品を細々と地元の小売店に卸していた．

そこで，業績拡大するためにネットビジネスへと参入するわけだが，ほとん

どの食品卸売業がネットビジネスに参入して失敗するなかで，おそらく唯一と言っていいほど成功したのが，この上野氏である．

現在の食品流通は馬鹿になっていると上野氏は指摘する．その理由は，生産者の情報が消費者に伝わっていないからだ．今の小売業の担当者の知識が全く無くなってきている，という．昔の八百屋の大将の方が知識があった．例えばみかんの新品種である「ハルミ」というみかんが店頭に並んでいても，誰も詳しく説明できていない，だから売れないのだ，という．そこで，上野氏はみかんの産地である和歌山の地から「紀伊国屋文左衛門本舗」というネットショップを立ち上げ，地元の情報と消費地の情報との格差を何とかネットで埋めようと試みたのである．そこで，寝る時間を惜しんで仕事をし続け，何百何千というコンテンツの試行錯誤を繰り返し行ったのである．

商品の原点に戻って「おいしいみかんって何だろう」と生産者を訪ね歩き情報収集した結果，既成概念とは違った結果を得ることができ，その驚きや感動をネットで伝えることにより共感者（顧客）を得ていくことにつながったという．

つまり彼は，自分の取り扱う商品を通じて，広く一般の消費者に対して教育，啓蒙活動を行ったのである．それは，正に彼の共感者を増やしていくことに情熱を注いだ結果，自然と業績拡大につながった，ということである．

この事例から学べることは，食品卸という一般的に付加価値の低いサービス業にありながら，IT（インターネット）を駆使し，今まで業界が忘れがちであった商品説明を徹底強化することで，顧客との共感を得，顧客との会話，つなが

りの大切さを改めて発見したことである．そしてそのことが13期連続増収増益という結果につながっている．

```
株式会社とち亀物産の会社概要

業種：食品卸売業
本社：和歌山県有田郡湯浅町湯浅2814-2
社長：上野真歳
年商：5億円
```

(2) 株式会社マミーズファミリーの事例
福祉ではないサービス業としての保育所経営で急成長

　社長の増田かおり氏は，自分の育児体験でノイローゼになるほど悩んでいた．次女の機嫌がいつも悪くミルクは飲まず，大声で夜泣きを続ける．24時間子供から離れることができず，睡眠不足になった．そのうち手足がしびれ，歩行もままならない多発性神経炎という病気になり通院を余儀なくされた．子供を預かってくれる身内もなく，一時保育をしてくれる保育所もなかった．あまりに辛くて子供とともに死のうかとさえ思った時に，近所の友人が「子供を預かってあげるから病院に行っておいでよ．ついでに買い物もしてきたら……」と声をかけてもらい，その言葉に甘え2人の子供を預かってもらって，一人町を歩いていると涙がとめどなく流れ出し，その瞬間「こういう時こそ親身になってくれる保育所が欲しい．自分のように困っている母親のために託児所をつくろう」と決意したのが，事業スタートのきっかけであった．1994年に松山市で託児サークルを設立し，その後共働き家庭の増加などを背景にニーズが高まり，院内保育所，大型商業施設内の託児ルームなど事業を広げ，現在全国23ヵ所に展開している．

　その急成長の秘訣は，① 企業内保育所の設立，② 時間定額制の導入，③ 子供一人ひとりに対してのパーソナルケアの実施，④ ベビーシッターの育成，の4つである．そのほか，福祉から保育サービスという発想で保育を行うために，子供を「預かってあげている」のではなく，「預けていただいている」という考え方を示すための行動を指針として次のようなことを徹底している．

① 子供の目を見て話しかける．
② ていねいな日本語で接する．
③ 遠くから大きな声で子供を呼びつけない．
　……

　さらに，パーソナルケアの実践においては，「子供カルテシステム」というIT化を進めている．それは，登園して保護者が入り口にある端末機の問診画面から，わが子の健康状態を入力する．健康時には「元気」を選び体調不良時には「外に出ない」あるいは「薬」などを選ぶ．過去の病歴や体質も確認できるので，担当の保育士は教室側の端末から一目で子供一人ひとりの状況を把握できるというシステムである．
　また「症例別ケアシステム」は，病気の症例ごとのデータベースで，子供の症状から病気の原因を検索でき，受診を勧める指示等が表示される．
　「人材適正配置システム」は，スタッフの保育時間などを最適化するためのシステムだ．入園間もない子供のかみつき，ひっかき等の行動についてはポイントを加算し，注意が必要な場合に応じてスタッフの配置を決定する仕組みである．保育所や時間帯ごとに必要なスタッフとその人数がわかるので，無駄なくかつ無理なく計画的に人材配置ができる．
　この事例から学ぶべき点は，顧客の親身になる保育サービスとは何かという本質追究のための行動がまずあり，そのための方法論であるIT化が，今までの保育にはない画期的なサービスであって，それが事業拡大に役立ったという点である．増田社長の志の1つである，お子さんの手を両手で包みこんで目をみながらお話をするという，心の底からの愛情表現が，次第にマスコミに取り上げられるようになり，大学病院や大型ショッピングセンターなどから受託運営の依頼が来るようになった．「保育サービスは現代社会に本当に必要なサービスで，必ず受け入れられると思っていました」という彼女の心意気が全国に広がろうとしている．

```
株式会社マミーズファミリーの会社概要

業種：託児施設の運営，受託運営，ベビーシッターの派遣
本社：愛媛県松山市萱町 2-4-5
創業：1994 年 5 月
年商：3 億円（2009 年度）
従業員：124 名
```

(3) スターウェイ株式会社の事例

「もったいない」という問題意識から物流資材を改良

　環境ソリューションプロバイダと称するスターウェイ株式会社は，次のような現象を見て会社を立ち上げることにしたという．コンピュータなどの精密機器を買うと，大きな段ボール箱に緩衝材がいっぱい入ってくるが，それらは機器を使う際には不要になるため，廃棄される．「もったいない」という問題意識から，繰り返し使えるように工夫した物流資材の製造を始めたのである．

　社長の竹本氏は，LSI ロジック社でソニーを取引担当していた時，工場で LSI を抜き取った後，IC トレイのプラスチック容器が高く積まれているのに注目した．ソニーの担当者に聞けば，それは 1 日 2000〜3000 個，1 か月では 5 万個〜6 万個の IC トレイが廃棄処分されるという．しかもそれらは新品同様に見えた．ソニーは使用済みの IC トレイを産廃業者に高額の手数料を支払って処分

していた．そこで，梱包材の再利用を図れば，地球環境にも良いし，廃棄処分費用も不要になることから，梱包材の開発を考えたということである．

まず段ボール箱の素材に古紙を利用し圧縮の積層構造紙（板紙）を開発してイースターパックという梱包箱を作り，100回以上繰り返し使用しても耐えられるプラスチック並みの強度を持つ製品に仕上げた．さらに，特殊ウレタンフィルムを張った上下のフレームで梱包物を挟み，宙に浮いた状態にして緩衝材を不要にしたのである．

しかし，環境ビジネスは生産性にあまり寄与せず，負の投資と見られ，なかなか売れなかった．一度使用した梱包材を再利用するのは，品質面で不安が残り，具体的な再利用のアイデアを受け入れてもらえなかった．

そこで，竹本氏が考えたのが，イースターパックにICチップを付けて，運送業数社と提携し，物流全体の流れを管理するというトータルシステムである．これにより，製造業から発送された製品が現在どこにあるのかを明らかにしたことで，常に適正な数量を運用することが可能になった．

この事例で学ばなければならない点は，竹本氏の困難に負けない粘り強さである．普通の人なら，段ボールに緩衝材がいっぱい詰まった物を，お金まで払って産業廃棄物業者に引き取ってもらうのは，いかにももったいないし，なんとも繰り返し使えるように工夫したいと考える．しかし，問題はたかが段ボールごときに中古を何度も使うのは，気持ち悪いのではないか，という心理が働く．もう1つ，1000回使用に耐えうるプラスチック並みの強度を持つ段ボールを開発すれば当然コストが高くつく．たかが段ボールに高い資材を使用したくないという心理も働く．こうしたいくつかの問題は，新規事業や新規のサービスを考える時に必ず1つや2つは発生する．こうした問題に行き詰まり，事業がうまくいかない例は枚挙にいとまがない．その時に，次の手，さらにまた次の手を考え出す，という事業に対する粘り強さ，情熱が，やがて成功することにつながるのである．

```
スターウェイ株式会社の会社概要

業種：環境デリバリーパック・の開発・販売，省ゴミ梱包形態（イースターパック・）の設計・開発・販売
本社：〒 105-0013 東京都港区浜松町 1-18-13 高桑ビル 7 階
創業：1999 年 12 月 24 日
代表：竹本直文
資本金：5 億 7730 万円
関連会社：斯達威（北京）貿易有限責任公司
　　　　　榮成斯達威包装制品有限公司（山東省）
```

(4) 農事組合法人「モクモク手づくりファーム」の事例
　辺鄙な田舎で開業した農場が，全国屈指の人気農場に成長

　同社は 20 数年前に養豚農家 19 名が伊賀豚振興組合を設立したのが始まりである．当時は良い素材のおいしい豚肉やハムを生産していたのだが，全く知名度もなく近隣の住民にしか販売できていない状況であった．これでは組合としても成り立たないという危機意識から，いろいろな取り組みにチャレンジし，現在では日本で 3 本の指に入るまでの農事法人に成長した．その成長の秘訣は次の 4 点である．

① 知名度を増すために，来場者に自分で作るという体験とその成果に感動するという場を提供するため，ウインナー手づくり教室などを開設した．
② 来場者を固定化・ファン化するために，バーベキュー，キャンプ，夜の肝試しなどコミュニケーション重視のイベントを企画し，実践した．

③ 売店を次々に出店するという営利目的をできるだけ排除し，食と農のつながりを見えるようにすることを事業のコンセプトとし，できるだけ金の臭いを避けた．

④ ハムだけにとどまらずに，農業全体を見ていただこうと，地麦パン工房の設置，パスタ工房の設置，野菜塾市場の開設，地ビールの製造など従業員の出資を募り，生産拡大した．

その結果，年商43億円（2011年）職員144名にまで成長し，現在では採用枠5名のところ全国から職員志望の人が300名を超えるほどの人気ファームとなっている．

サービスは良いが知名度がないという事業体は結構多いはずである．この事例でも，当初はその悩みを抱えていたが，当事業の目的である自分で体験することへの喜び，感動（上記の①）を体験型イベントで地道に提供し（上記の②），見事に克服している．

成功しているサービス業に共通することは，当該事業のサービスとはどうあるべきか，顧客は何を求めているのか，を徹底的に追求し，考え抜いていることである．

農事組合法人の「モクモク手づくりファーム」の概要

業　種：自然・農業・手づくりをテーマとする体験型ファーム
所在地：三重県伊賀市西湯舟3609
敷地面積：約4ヘクタール
代　表：理事長　木村　修
年　商：43億円（2011年3月）
従業員数：144人（2011年現在）

9.6　サービスのIT化と人材移転

　「サービスを科学する」というサービスサイエンスにおいては，基本的にはサービス業における付加価値の低い業務をコンピュータやロボットに徹底的に置き換えることで，生産性の上昇は確実に実現できる．例えば，自動販売機による飲料は浸透しているが，それを食物の分野に拡大すれば，食堂が取って代えられ，JRの切符販売や改札を機械に置き換えれば，駅員が削減できる．さらには銀行や郵便局等の窓口サービス業務もATM等の機械に置き換えることにより，窓口サービス業務の大幅な削減ができ，生産性向上につながる，といった具合である．

　そこで問題となるのが，「人手を減らす」ということが今の社会情勢下で簡単に容認されるものではない，という点である．弱者を切り捨て，失業者を増やすことにつながりかねないサービス業の機械化，IT化はイノベーションには違いないが，負の副作用が大きすぎる．したがって，経営者は簡単にはできない，という問題が発生する．

　そこで著者の提言であるが，サービスサイエンスを浸透させ，日本のサービス業の生産性を拡大することは非常に大切なことだが，一方でサービス業の付加価値の低い業務に従事している人の職場転換，雇用創造を同時に達成できるような仕組みが不可欠となる．そのためには，政府がベンチャービジネスの支援金，援助金を再び増大させるか，サービス業に従事している労働者に能力開発のための教育支援を充実させるということに取り組まなければならない．

　そうしたセイフティネットを用意しておいて，サービス業の機械化，コンピュータ化を断行させることが，サービスサイエンス成功の鍵となるのではないか．

　日本のリーディング産業である自動車，電機，機械などの製造業が下り坂になれば，日本経済はすべて悪くなる，という構図がある．それは，日本の産業政策において，自動車，電機，機械などの製造業の技術を向上させる政策を長年採ってきたからである．貿易立国であり，資源のない国，日本では技術が何よりも重要だという考え方があり，それが見事に実践され，開花してきた経緯がある．そのため日本の製造業は強いが，小売・サービス業は弱いのが現状である．日本の主力である輸出型製造業に陰りが出れば，日本全体が景気後退するというわけだ．つまり，日本の産業は，製造業でもっているというイメージ

が以前からあるのだ．そのため，日本の総合力を上げるには，今まで軽視されてきた小売・サービス業の生産性を向上することが大切である，というのが現在の課題となっている．

日本の研究者の中には，サービス業にはイノベーションが必要だと考える人がいるが，サービス業のイノベーションはきわめて難しいのが現状だ．実務から乖離した学者がイノベーションを声高に主張するのは簡単だが，今までできていない遅れた産業にイノベーションを創造させることは不可能に近い．それよりも簡単なのは人手のかかる作業を機械化・IT化し，人を減らすということだ．これは製造業の生産性向上の歴史と同じで，世界に冠たる日本の製造業も人減らしの歴史であった．問題は失職する人をどのように活用するか，ということだ．ベンチャービジネスで活用するという考え方もあるが，それだけでは不十分である．

小売・サービス業から農業への転職を勧める．日本の食料自給率は先進国で最低の約40%，その上，現在の農業は高齢者比率が圧倒的に高く，後継者も少ない．このままでは日本の農業は壊滅状態に陥る．

そこで，国策として小売・サービス業の人減らしを行うと同時に農業の回帰を狙うために，サービス業から農業への転職を奨励する．当然国策であるため，転職者には転職支援金という名称（仮称）で年間200万円〜300万円ほどの補助を行う．また数多くある休耕地を官庁が地主と交渉し無償で貸し出し，各種の穀物や野菜を栽培させる．

今までの日本政府は，製造業への投資，技術開発への投資が圧倒的に多く，小売・サービス業への助成金・支援金と言うのは前者に比べ無いに等しいと言っていいくらい少なかった．その影響もあって日本の技術力の高さや製造業の生産性は世界的に見ても高いが，小売・サービス業の生産性は低いのである．

表9.6は科学技術研究活動の状況を示したものだが，20年前の平成に入ってから毎年10兆円以上の研究費を使って技術開発を行っているが，小売・サービス業への研究活動は統計データで見つけることができないくらい少ない．言わば小売・サービス業は国としてもほとんど力を入れてこなかった分野であるのだ．

そこで，過去の技術偏重の政府支援を見直し，ここ数年は小売・サービス業への支援を重視させる．小売・サービス業の人減らしの中身は，機械化であり，

表 9.6　科学技術研究活動の状況

年　次	研究者数	研究費	年次	研究者数	研究費
昭和 50 年	396,216	2,716	平成 14 年	756,336	16,528
昭和 55 年	387,119	4,584	平成 15 年	757,339	16,675
昭和 60 年	480,108	7,894	平成 16 年	787,264	16,804
平成 2 年	602,537	11,815	平成 17 年	790,932	16,938
平成 7 年	705,508	13,596	平成 18 年	819,931	17,845
平成 10 年	754,352	15,741	平成 19 年	826,565	18,463
平成 11 年	781,662	16,140	平成 20 年	827,291	18,944
平成 12 年	784,785	16,011	平成 21 年	838,974	18,800
平成 13 年	775,542	16,289	平成 22 年	840,293	17,246

出典：総務省統計局　　　　　　　　　　　　　　　（単位：10 億円）

IT 化であるため，そこには新たな設備投資や合理化投資が必要となるが，そこに製造業に力を入れてきたのと同様に国が積極的に設備投資資金や合理化投資資金の助成金を出す．

このように著者の提案が実現できれば，日本の小売・サービス業の就業者が減少して生産性が向上するとともに，農業自給率も向上し，休耕地が開墾され，地方の活性化にもつながるという，一石三鳥の効果が現れるのではないだろうか．

第10章

支配型AHPから一斉法

10.1 はじめに

　本章では，AHPの発展モデルである支配型AHPから一斉法について紹介する．具体的には，AHPの発展モデルである支配型AHP，重み一斉法，評価一斉法と総合評価値一斉法を解説している．まず10.2節では，木下・中西によって提案された支配型AHP[1-2]について解説している．従来型AHPでは，すべての代替案の評価値について評価値を全体で合計1に正規化する．それに対して，支配型AHPでは，ある1つの代替案に着目し，その代替案（支配代替案と呼ぶ）を基準に評価を行うモデルである．さらに，木下・中西によって提案された重み一斉法[3]について解説している．重み一斉法は，複数の支配代替案が存在するときに，評価基準の重みが支配代替案ごとに異なる場合に，評価基準の重みのずれを調整する手法である．10.3節では杉浦・木下によって提案された評価値一斉法と総合評価値一斉法について解説している[5-7]．評価値一斉法は代替案の評価値が複数存在する場合の評価値のずれを調整する手法である．総合評価値一斉法は木下・中西の重み一斉法を評価値一斉法として導出する手法である．

10.2 支配型AHPと重み一斉法

　本節では木下・中西によって提案された支配型AHPと木下・中西によって提案された重み一斉法について解説する．従来型AHPがすべての代替案の評価値について評価値を全体で1に正規化するのに対して，支配型AHPでは，ある1つの代替案に着目し，その代替案（支配代替案と呼ぶ）を基準に評価を行う．

支配型 AHP では評価の基準としてベンチマークとなった代替案を支配代替案と呼び，それ以外の代替案を服従代替案と呼ぶ．3 つの代替案 X, Y, Z をそれぞれ支配代替案としたときの評価基準の重みを，それぞれ，W_X, W_Y, W_Z と書き，それらを成分とする行列を

$$W = (W_X, W_Y, W_Z) \tag{10.1}$$

とする．評価基準の下での代替案の評価値行列 M を (10.2) 式とする．

$$M = \begin{bmatrix} a_{XI} & a_{XII} \\ a_{YI} & a_{YII} \\ a_{ZI} & a_{ZII} \end{bmatrix} \tag{10.2}$$

また，行列 M_i を (10.3) 式のように定義する．

$$M_i = M \begin{bmatrix} 1/a_{iI} & 0 \\ 0 & 1/a_{iII} \end{bmatrix} = M A_i^{-1} \tag{10.3}$$

ただし，$A_i = \begin{bmatrix} a_{iI} & 0 \\ 0 & a_{iII} \end{bmatrix}$ (i = X, Y, Z) である．

支配型 AHP ではある代替案に着目し，その代替案を基準にして他の代替案の評価を行う．各評価基準の下での支配代替案の評価値を 1 に正規化して，服従代替案との評価を行うのである．

代替案 X が支配代替案であるとき，代替案 X からみた評価基準の重みは

$$A_X A_X^{-1} W_X = W_X \tag{10.4}$$

となる．また，評価基準の下での評価値は，代替案 X の評価値を 1 に正規化するため，

$$M_X = M A_X^{-1} \tag{10.5}$$

となる．そして，総合評価値は，

$$M_X (A_X A_X^{-1} W_X) = M A_X^{-1} W_X \tag{10.6}$$

で与えられる．このとき，代替案 Y からみた評価基準の重みの推定値は

$A_\mathrm{Z} A_\mathrm{X}^{-1} W_\mathrm{X}$ となり，総合評価値は，

$$M_\mathrm{Z}(A_\mathrm{Z} A_\mathrm{X}^{-1} W_\mathrm{X}) = M A_\mathrm{X}^{-1} W_\mathrm{X} \tag{10.7}$$

となる．同様に，Z からみた評価基準の重みの推定値は $A_\mathrm{Z} A_\mathrm{X}^{-1} W_\mathrm{X}$ となり，総合評価値は，

$$M_\mathrm{Z}(A_\mathrm{Z} A_\mathrm{X}^{-1} W_\mathrm{X}) = M A_\mathrm{X}^{-1} W_\mathrm{X} \tag{10.8}$$

で与えられる．(10.6)〜(10.8) 式より，支配型 AHP は代替案ごとに総合評価値を有するが，代替案 X，Y，Z のすべての総合評価値は一致する．

続いて重み一斉法について説明する．重み一斉法も支配型 AHP と同様に木下・中西によって提案されたモデルである．重み一斉法は支配型 AHP において，複数の支配代替案が存在し，評価基準が支配代替案ごとに異なるのである．

まず，代替案 X だけでなく代替案 Y も支配代替案である場合を考える．(10.6) 式と同様に，総合評価値は

$$M_\mathrm{Y}(A_\mathrm{Y} A_\mathrm{Y}^{-1} W_\mathrm{Y}) = M A_\mathrm{Y}^{-1} W_\mathrm{Y} \tag{10.9}$$

で与えられる．このとき，X から見た評価基準の重みの推定値は $A_\mathrm{X} A_\mathrm{Y}^{-1} W_\mathrm{Y}$ となる．これが X を支配代替案としたときの X から見た重みと一致していれば，総合評価値は

$$M_\mathrm{Y}(A_\mathrm{Y} A_\mathrm{Y}^{-1} W_\mathrm{Y}) = M_\mathrm{Y}(A_\mathrm{Y} A_\mathrm{X}^{-1} W_\mathrm{X}) = M A_\mathrm{X}^{-1} W_\mathrm{X} \tag{10.10}$$

となり，X を支配代替案とした場合と一致する．

しかし，現実には W_X と推定値 $A_\mathrm{X} A_\mathrm{Y}^{-1} W_\mathrm{Y}$ が一致することはほとんどなく，「ずれ」が生じることが多い．そこで，このような評価基準の「ずれ」を調整する手法として，木下・中西は「一斉法」として提案している．

重み一斉法では，重みの調整値は，最初に与えられる複数存在する支配代替案からの調整値の平均値によって求められる．e をすべてが 1 のベクトル，T が転置を表すとすると，すべての代替案が支配代替案であるときの代替案 X における評価基準の重みの調整値 $\widetilde{W}_\mathrm{X}$ は

$$\widetilde{W}_\mathrm{X} = \frac{1}{3}\left(\frac{A_\mathrm{X} A_\mathrm{X}^{-1} W_\mathrm{X}}{e^\mathrm{T} A_\mathrm{X} A_\mathrm{X}^{-1} W_\mathrm{X}} + \frac{A_\mathrm{X} A_\mathrm{Y}^{-1} W_\mathrm{Y}}{e^\mathrm{T} A_\mathrm{X} A_\mathrm{Y}^{-1} W_\mathrm{Y}} + \frac{A_\mathrm{X} A_\mathrm{Z}^{-1} W_\mathrm{Z}}{e^\mathrm{T} A_\mathrm{X} A_\mathrm{Z}^{-1} W_\mathrm{Z}}\right) \tag{10.11}$$

となる.同様にして,代替案 Y, Z からみた重みの調整値 $\widetilde{W}_Y$, $\widetilde{W}_Z$ はそれぞれ次のようになる.

$$\widetilde{W}_Y = \frac{1}{3}\left(\frac{A_Y A_X^{-1} W_X}{e^T A_Y A_X^{-1} W_X} + \frac{A_Y A_Y^{-1} W_Y}{e^T A_Y A_Y^{-1} W_Y} + \frac{A_Y A_Z^{-1} W_Z}{e^T A_Y A_Z^{-1} W_Z}\right) \quad (10.12)$$

$$\widetilde{W}_Z = \frac{1}{3}\left(\frac{A_Z A_X^{-1} W_X}{e^T A_Z A_X^{-1} W_X} + \frac{A_Z A_Y^{-1} W_Y}{e^T A_Z A_Y^{-1} W_Y} + \frac{A_Z A_Z^{-1} W_Z}{e^T A_Z A_Z^{-1} W_Z}\right) \quad (10.13)$$

$\widetilde{W}_X$, $\widetilde{W}_Y$, $\widetilde{W}_Z$ を改めて W_X, W_Y, W_Z とおいて,上の手順を繰り返すと,それらは収束して評価基準の重み W_i^* (i = X, Y, Z) となる.評価基準の重み導出の収束性については文献 [4] で保証されている.そして,行列 M_i と収束した重み W_i^* との積 $M_i W_i^*$ によって各代替案の評価値が得られる.

$$E_i = M_i W_i^* \quad (10.14)$$

(10.14) 式は正規化するとすべて同じベクトルとなり,これが総合評価値となる.

重み一斉法の数値例を示す.2 つの評価基準 (I, II) の重み W と 3 つの代替案 (X, Y, Z) の評価値 M を $W = (W_X, W_Y, W_Z) = \begin{pmatrix} 0.3 & 0.2 & 0.5 \\ 0.7 & 0.8 & 0.5 \end{pmatrix}$,

$M = \begin{bmatrix} 25 & 80 \\ 40 & 60 \\ 50 & 40 \end{bmatrix}$ とする.重み一斉法の演算を**表 10.1** に示す.

表 10.1 より,収束した重みと行列 M_i の積は代替案 X, Y, Z についてそれぞれ $\begin{bmatrix} 1 \\ 0.916 \\ 0.794 \end{bmatrix}$, $\begin{bmatrix} 1.091 \\ 1 \\ 0.866 \end{bmatrix}$, $\begin{bmatrix} 1.260 \\ 1.155 \\ 1 \end{bmatrix}$ となる.これら 3 つのベクトルは,合計 1 に正規化するといずれも $E = \begin{bmatrix} 0.369 \\ 0.338 \\ 0.293 \end{bmatrix}$ として最終的な総合評価値が得られる.

表 10.1　重み一斉法の演算

行列 M_i

	I	II
X	1.000	1.000
Y	1.600	0.750
Z	2.000	0.500

	I	II
X	0.625	1.333
Y	1.000	1.000
Z	1.250	0.667

	I	II
X	0.500	2.000
Y	0.800	1.500
Z	1.000	1.000

収束の過程

	X I	X II	Y I	Y II	Z I	Z II
Step ①	0.300	0.700	0.200	0.800	0.500	0.500
			0.478	0.522	0.632	0.36
	0.105	0.895			0.319	0.681
	0.200	0.800	0.348	0.652		
Step ②	0.202	0.798	0.342	0.658	0.484	0.516
			0.350	0.650	0.503	0.497
	0.196	0.804			0.493	0.507
	0.190	0.810	0.333	0.667		
Step ③	0.196	0.804	0.342	0.658	0.493	0.507
			0.342	0.658	0.493	0.507
	0.196	0.804			0.493	0.507
	0.196	0.804	0.342	0.658		
Step ④	0.196	0.804	0.342	0.658	0.493	0.507
			0.342	0.658	0.493	0.507
	0.196	0.804			0.493	0.507
	0.196	0.804	0.342	0.658		
Step ⑤	0.196	0.804	0.342	0.658	0.493	0.507

10.3　評価値一斉法と総合評価値一斉法

　評価値一斉法は杉浦・木下によって提案されたモデルである [5]．支配型 AHP や重み一斉法に限らずこれまでの AHP においては，ずれが生じているのは評価基準の重みのみであり，評価値について議論されることはなかった．現実には重みが異なる以前に評価値にずれが生じる場合がある．複数の選択者やあいまいさなどの要因によって評価値にずれが生じ評価値が複数出現した場合，支

配型 AHP あるいは重み一斉法が適用できないので複数の評価値を 1 つに統一する必要がある．また，集団合意形成に AHP を適用する場合は評価値が複数存在することが多いと考えられる．そうした場合に複数の評価値を 1 つに調整する方法が評価値一斉法である．

評価値一斉法は，特に集団意思決定や合意形成などの複数の意思決定者や，追加情報による意思決定状況の変化によって評価値が複数出現した場合に，出現した複数の評価値を 1 つに統一する際に有効な手法である．

評価者数 n 人，評価基準 m 個，代替案 l 個の場合について説明する [5] [7]．評価者 i の評価値を

$$M^i = \begin{bmatrix} a_{11} & \cdots & a_{1m} \\ \vdots & & \vdots \\ a_{l1} & \cdots & a_{lm} \end{bmatrix} \tag{10.15}$$

とする．

続いて評価者 i の評価値に代替案 j の評価値の逆数を対角要素に並べた行列との積により評価者 i のすべての評価基準について代替案 j を基準とする評価値を (10.16) 式に示すように導出する．重み一斉法での (10.3) 式と同様にある代替案に着目しその代替案の評価値を 1 にして他の代替案と比較する点は共通している．

$$M^i_j = M^i \cdot \begin{bmatrix} 1/a_{j1} & 0 & \cdots & 0 \\ 0 & 1/a_{j2} & \cdots & 0 \\ \vdots & \vdots & \ddots & \vdots \\ 0 & 0 & \cdots & 1/a_{jm} \end{bmatrix} \tag{10.16}$$

これはすべての評価基準について代替案 j の評価値を 1 とすることを意味する．

そして，評価者数 n により M_j の平均を導出し，これを初期値とする．

$$M_j^{(1)} = \frac{1}{n} \sum_{i=1}^{n} M^i_j = \begin{bmatrix} a^j_{11} & \cdots & a^j_{1m} \\ \vdots & & \vdots \\ a^j_{l1} & \cdots & a^j_{lm} \end{bmatrix} \tag{10.17}$$

なお (10.17) 式の変換については評価者 i の評価値について加重平均を用いて評価者や意思決定者の重み付けに差を持たせることが可能である．

(10.17)式は代替案jを基準とする評価値である．言い換えると代替案jの評価値をすべて1とする評価値である．つまり代替案jとそれ以外の代替案との相対的な評価の比を表現している．そこで，ある代替案kを基準とする評価値から新たに代替案jを基準とする評価値を導出するには，代替案kを基準とする評価値に代替案jの評価値の逆数を対角要素に並べた行列を掛ければ良い．

$$M_{kj} = M_k^{(1)} \cdot \begin{bmatrix} 1/a_{k1}^j & 0 & \cdots & 0 \\ 0 & 1/a_{k2}^j & \cdots & 0 \\ \vdots & \vdots & \ddots & \vdots \\ 0 & 0 & \cdots & 1/a_{km}^j \end{bmatrix} \tag{10.18}$$

そして代替案の数は全部でℓ個あるため平均をとり第2期の導出値が得られるある代替案の評価と別の代替案の評価の比較を評価値の比を用いて行い，対象となる代替案とそれ以外の代替案の評価の平均を導出し，新たに対象の代替案の評価値としているのである．

$$M_j^{(2)} = \frac{1}{\ell} \sum_{k=1}^{\ell} M_{kj} \tag{10.19}$$

(10.19)式の導出値を再び(10.18)式に代入し演算を繰り返すと$M_j^{(t)} = M_j^{(t-1)}$として収束する．この評価値の収束については重み一斉法における評価基準の重み導出の仕方と同様である．

そして収束した評価値は代替案jを基準とした評価値であり，$M_j^{(t)}$について，合計が1となる正規化をすると各代替案の唯一の評価値が得られる．

支配型AHPにおいて評価の段階で支配代替案を変化させたときに支配代替案と各代替案の評価基準ごとの評価値は，値は異なっていても評価の比が一定であるという理想的な評価推移状態として支配代替案間の互換性が存在した．つまり支配型AHPおよび従来の一斉法では，ある代替案の視点から代替案の評価値を1とするような評価値，つまり支配代替案の評価を1とする評価値が存在している．重み一斉法は不安定な評価基準のずれを調整する手法であり，評価値一斉法は不安定な評価値のずれを調整する手法である．

重み一斉法，評価値一斉法はどちらも代替案の評価を1にすることで導出の演算を繰り返し，収束させる手法である．

第10章 支配型AHPから一斉法

続いて総合評価値一斉法について解説する [6]．総合評価値一斉法は，重み一斉法の総合評価値の導出を評価値一斉法として演算する手法である．

10.2節の重み一斉法に合わせて評価基準2つ，代替案3つの場合の総合評価値一斉法の一般式を記述する [6]．

評価値一斉法のみならず，AHPにおける導出原理は各代替案の評価値と各評価基準の重みであるベクトルの積により総合評価を導出することにある．つまり，M を評価値，W を評価基準の重みとすると，改めて総合評価値 E は，

$$E \equiv M \cdot W \tag{10.20}$$

という式によって与えられる．

さて，ある重み一斉法において，評価基準 (A，B) のもとでの代替案 (X，Y，Z) の評価値を，

$$M = \begin{array}{c} \\ X \\ Y \\ Z \end{array} \begin{array}{cc} A & B \\ \left[\begin{array}{cc} a_{11} & a_{12} \\ a_{21} & a_{22} \\ a_{31} & a_{32} \end{array} \right] \end{array} \tag{10.21}$$

代替案 (X，Y，Z) からみた評価基準の重み，つまり各代替案からの重みのずれを，(10.1) 式と同一とする．ただし，わかりやすくするために，各要素を $W_X = \left[\begin{array}{c} w_{11}^X \\ w_{21}^X \end{array} \right]$, $W_Y = \left[\begin{array}{c} w_{11}^Y \\ w_{21}^Y \end{array} \right]$, $W_Z = \left[\begin{array}{c} w_{11}^Z \\ w_{21}^Z \end{array} \right]$ とする．

ここで代替案 X を視点とした評価値と (10.3) 式と対応して M_X は，

$$M_X = M \cdot \left[\begin{array}{cc} 1/a_{11} & 0 \\ 0 & 1/a_{12} \end{array} \right] = \left[\begin{array}{cc} 1 & 1 \\ a_{21}/a_{11} & a_{22}/a_{12} \\ a_{31}/a_{11} & a_{32}/a_{12} \end{array} \right] \tag{10.22}$$

として導出でき，同様に代替案 Y，Z を視点とした評価値である，行列 M_Y，M_Z は，

$$M_Y = M \cdot \left[\begin{array}{cc} 1/a_{21} & 0 \\ 0 & 1/a_{22} \end{array} \right] = \left[\begin{array}{cc} a_{11}/a_{21} & a_{12}/a_{22} \\ 1 & 1 \\ a_{31}/a_{21} & a_{32}/a_{22} \end{array} \right] \tag{10.23}$$

$$M_{\mathrm{Z}} = M \cdot \begin{bmatrix} 1/a_{31} & 0 \\ 0 & 1/a_{32} \end{bmatrix} = \begin{bmatrix} a_{11}/a_{31} & a_{12}/a_{32} \\ a_{21}/a_{31} & a_{22}/a_{32} \\ 1 & 1 \end{bmatrix} \quad (10.24)$$

として導出できる．

さらに，ずれの生じている評価基準の重みと M_{X}, M_{Y}, M_{Z} の積として不安定なままの総合評価値が，それぞれ

$$E_{\mathrm{X}} = M_{\mathrm{X}} \cdot W_{\mathrm{X}} = \begin{bmatrix} 1 & 1 \\ a_{21}/a_{11} & a_{22}/a_{12} \\ a_{31}/a_{11} & a_{32}/a_{12} \end{bmatrix} \cdot \begin{bmatrix} w_{11}^X \\ w_{21}^X \end{bmatrix} = \begin{bmatrix} 1 \\ E_{21}^X \\ E_{31}^X \end{bmatrix} \quad (10.25)$$

$$E_{\mathrm{Y}} = M_{\mathrm{Y}} \cdot W_{\mathrm{Y}} = \begin{bmatrix} a_{11}/a_{21} & a_{12}/a_{22} \\ 1 & 1 \\ a_{31}/a_{21} & a_{32}/a_{22} \end{bmatrix} \cdot \begin{bmatrix} w_{11}^Y \\ w_{21}^Y \end{bmatrix} = \begin{bmatrix} E_{11}^Y \\ 1 \\ E_{31}^Y \end{bmatrix} \quad (10.26)$$

$$E_{\mathrm{Z}} = M_{\mathrm{Z}} \cdot W_{\mathrm{Z}} = \begin{bmatrix} a_{11}/a_{31} & a_{12}/a_{32} \\ a_{21}/a_{31} & a_{22}/a_{32} \\ 1 & 1 \end{bmatrix} \cdot \begin{bmatrix} w_{11}^Z \\ w_{21}^Z \end{bmatrix} = \begin{bmatrix} E_{11}^Z \\ E_{21}^Z \\ 1 \end{bmatrix} \quad (10.27)$$

として E_{X}, E_{Y}, E_{Z} が導出できる．

ここで，(10.25)〜(10.27) 式の E_{X}, E_{Y}, E_{Z} はそれぞれ代替案 X, Y, Z の評価値を 1 とする異なる列ベクトルとなる．そのため，評価値一斉法の演算を適用することが可能となる．その値は，重み一斉法において評価基準の重みを導出するプロセスと評価基準の掃き出しと評価値の掃き出しの局面で 1 対 1 に対応している [6]．

次に，より一般的に総合評価値を記述してみることにする [6][7]．評価基準 n 個，代替案を m 個とすると，各評価基準の下での代替案の評価値を

$$M = \begin{bmatrix} U_{11} & \cdots & U_{1j} & \cdots & U_{1n} \\ \vdots & & \vdots & & \vdots \\ U_{i1} & \cdots & U_{ij} & \cdots & U_{in} \\ \vdots & & \vdots & & \vdots \\ U_{m1} & \cdots & U_{mj} & \cdots & U_{mn} \end{bmatrix} \quad (10.28)$$

と表現する．重み一斉法と同様に代替案ごとの評価基準の重みベクトルを

$$W = (W_1, \cdots, W_j, \cdots, W_m) \tag{10.29}$$

と表現する．このときの W_j は代替案 j からの評価基準の重みである．そして，代替案 j の評価基準の重み W_j には評価基準 n 個分の重みが含まれているため，

$$W_j = \begin{bmatrix} w_1 \\ \vdots \\ w_n \end{bmatrix} \tag{10.30}$$

と表現できる．ただし，評価基準の重みは全体で 1 となるため，$\sum w_k = 1$ である．続いて，(10.3)，(10.22)〜(10.24) 式と同様の行列は (10.31) 式となる．

$$W^j = M \cdot \begin{bmatrix} 1/U_{j1} & \cdots & 0 \\ \vdots & \ddots & \vdots \\ 0 & \cdots & 1/U_{jn} \end{bmatrix} \tag{10.31}$$

つまり，(10.31) 式は最初に与えられた代替案の評価値から代替案 j を新たに基準とする評価値，つまり代替案 j の評価値を 1 にするような演算を行っているのである．

そして，(10.25)〜(10.27) 式に対応して

$$E_1^j = M^j \cdot W_j = M \cdot \begin{bmatrix} 1/U_{j1} & \cdots & 0 \\ \vdots & \ddots & \vdots \\ 0 & \cdots & 1/U_{jn} \end{bmatrix} \cdot \begin{bmatrix} w_1 \\ \vdots \\ w_n \end{bmatrix} = \begin{bmatrix} u_1^j \\ \vdots \\ u_m^j \end{bmatrix} \tag{10.32}$$

として初期値を得る．(10.32) 式を初期値として第 2 期は列ベクトルについての評価値一斉法となり，第 2 期の導出値として

$$E_2^j = \frac{1}{m} \sum_{k=1}^{m} \frac{E_1^j}{u_k^j} \tag{10.33}$$

が導出される．同様にして，

$$E_{n+1}^j = \frac{1}{m} \sum_{k=1}^{m} \frac{E_n^j}{u_k^j} \tag{10.34}$$

となる．同様にしてステップを繰り返し $E_{n+1}^j = E_n^j$ となったとき演算は収束となる．そして，収束した E_{n+1}^j から，

$$E_{n+1}^j = \begin{bmatrix} u_1^j \\ \vdots \\ u_m^j \end{bmatrix} \tag{10.35}$$

が導かれ，最終的な総合評価値 E は (10.35) 式を正規化し，

$$E = \frac{u_k^j}{\sum_k^m u_k^j} \tag{10.36}$$

として得られる．つまり，総合評価値一斉法では最終的に収束した値は各代替案の評価値を1とする評価値が代替案の総数であるmだけ存在する．しかし，それらはいずれも正規化することにより，唯一の総合評価値として導出できるのである．総合評価値一斉法は重み一斉法のように評価基準の重みに視点を置くのではなく，意思決定モデルとして，総合評価値の決定に視点を置いている．評価基準の重みが不安定であるために結果的に起こる総合評価値の不安定さを評価値一斉法として修正しているのである．以上が総合評価値一斉法の構造である．

次に，評価値一斉法の数値例を以下に示す．代替案 X，Y，Z ごとの異なる3つの評価値をそれぞれ，$M_X^{(1)} = \begin{bmatrix} 125 & 300 \\ 350 & 700 \\ 400 & 100 \end{bmatrix}$, $M_Y^{(1)} = \begin{bmatrix} 600 & 55 \\ 450 & 60 \\ 300 & 45 \end{bmatrix}$, $M_Z^{(1)} = \begin{bmatrix} 65 & 600 \\ 85 & 580 \\ 70 & 270 \end{bmatrix}$ とする．評価値一斉法の収束値として，

$$M_X^* = \begin{bmatrix} 1 & 1 \\ 1.289 & 1.449 \\ 1.162 & 0.524 \end{bmatrix}, M_Y^* = \begin{bmatrix} 0.776 & 0.690 \\ 1 & 1 \\ 0.901 & 0.361 \end{bmatrix}, M_Z^* = \begin{bmatrix} 0.861 & 1.910 \\ 1.110 & 2.768 \\ 1 & 1 \end{bmatrix}$$

が得られる．これらの収束した評価値は3種類あるが，合計1に正規化すると

いずれも $E = \begin{bmatrix} 0.290 & 0.336 \\ 0.374 & 0.487 \\ 0.337 & 0.176 \end{bmatrix}$ となり，唯一の評価値として得られる．

このように評価値が複数出現した場合は評価値一斉法により評価値の調整を行えばよい．

また，10.2 節の重み一斉法の数値例を総合評価値一斉法として導出すると総合評価値一斉法の収束値は $E_X = \begin{bmatrix} 1 \\ 0.916 \\ 0.794 \end{bmatrix}, E_Y = \begin{bmatrix} 1.091 \\ 1 \\ 0.866 \end{bmatrix}, E_Z = \begin{bmatrix} 1.260 \\ 1.155 \\ 1 \end{bmatrix}$

となり合計 1 に正規化して，総合評価値 $E = \begin{bmatrix} 0.369 \\ 0.338 \\ 0.293 \end{bmatrix}$ が導出される．

第11章

超一対比較行列

11.1 はじめに

　Saaty（サーティ）によって提案されたAHP[1-3]は，総合目的からトップダウンに評価を行うことで，客観的な意思決定を可能にしている．実際の意思決定においては，特定の代替案（支配代替案）を念頭に置き，それを基準として評価を行うということがしばしば行われる．これをモデル化したのが，木下，中西[4]により提案された支配代替案法である．

　支配代替案が複数あり，それぞれの評価基準の重要度が異なる場合には，支配代替案ごとに総合評価値が異なりうる（多重代替案法）．そのよう場合に対し，それらの重要度を統合する手法として一斉法（木下・中西提案）を提案している．一斉法については，木下，関谷等[5]によりその収束性が示されている．

　一方，大屋，木下[6]は，誤差モデルに基づき幾何平均によりウエイトを統合し総合評価値を得る，幾何平均多重代替案法を提案した．今後，これら複数の支配代替案がある場合の評価方法の総称として多重支配代替案法と呼ぶことにする．

　11.2節では，支配代替案法，多重支配代替案法の評価過程で表れる一対比較に注目し，それらを1つの一対比較行列として表現する超一対比較行列（大屋・木下提案）を紹介する．さらに，超一対比較行列に対数最小二乗法を適用して得られる評価値は，各一対比較行列から幾何平均により評価値を求めた結果に支配代替案法を適用して求めた評価値と一致することを示す．

　11.3節において，超一対比較行列における計算を数値例により説明する．その中で超一対比較行列にハーカー法を適用して得られる評価値は，各一対比較行列で固有値法により求めた評価値に支配代替案法を適用して求めた評価値と

必ずしも一致しないことを，反例として数値例をあげて示す．

11.2 支配代替案法から超一対比較行列

本節では，支配代替案法，多重支配代替案法の評価過程で表れる一対比較を1つの一対比較行列として表現する超一対比較行列を紹介する．11.2.1節では，10章で紹介した支配代替案法の手順を，一対比較行列による評価の観点から再度説明し，そこに現れる一対比較を明示する．11.2.2節で，それら一対比較を1つの一対比較行列として表現した超一対比較行列を提案する．

11.2.1 支配代替案法における評価

評価基準 $c(c=1,\cdots,C)$ における代替案 $a(a=1,\cdots,A)$ の真の絶対的重要度を v_{ca} とする．AHPでは，最終的には代替案の総合評価値の（各代替案間の）相対値を求めることを目標としている．支配代替案法では，以下のような手順で総合評価値を求める．

支配代替案法

Step1:
評価基準 c における代替案 a の相対的重要度 $u_{ca} = \alpha_c v_{ca}$（ただし α_c は定数）を求める．本章では，u_{ca} は，評価基準 c における代替案間の一対比較（2要素間の重要性を比べること）をもとに一対比較法により求めるものとする．

Step2:
代替案 d を支配代替案とする．この場合，評価基準 c における代替案 a の重要度 u_{ca} は，支配代替案 d の重要度 u_{cd} により正規化し，その値を $u_{ca}^d(=u_{ca}/u_{cd})$ とする．

Step3:
評価基準 c の重要度 u_c^d を，支配代替案 d を代表として評価基準間の一対比較をもとに一対比較法により求める．ここで，u_c^d は $\sum_{c=1}^{C} u_c^d = 1$（合計値が1）となるように正規化する．

Step4:

Step2, 3 で得られた u_{ca}^d, u_c^d から代替案 a の総合評価値 $u_a = \sum_{c=1}^{C} u_c^d u_{ca}^d$ を求める．Step2, 3 の正規化より $u_d = 1$ となる．よって，支配代替案 d の総合評価値が 1 となるように正規化されている．

11.2.2 超一対比較行列

評価基準 c' における代替案 a' の重要度 $v_{c'a'}$ に比較した評価基準 c における代替案 a の重要度 v_{ca} の相対比較値 $r_{c'a'}^{ca}$ を (CA×CA) あるいは (AC×AC) の行列として並べたものを超一対比較行列 $R = (r_{c'a'}^{ca})$ or $(r_{a'c'}^{ac})$ として提案する．ここで，(CA×CA) は代替案の添え字 a を先に変化させることを，(AC×AC) は評価基準の添え字 c を先に変化させることを表す．

超一対比較行列においても，一対比較行列と同様に，対称な成分は逆数の関係にあり，対角成分は 1 であり，以下の関係が成立している．

$$r_{ca}^{c'a'} = 1/r_{c'a'}^{ca} \tag{11.1}$$

$$r_{ca}^{ca} = 1 \tag{11.2}$$

支配代替案法の Step1 で実施される一対比較は，評価基準 c において，代替案 a' の重要度 $v_{ca'}$ に比較した代替案 a の重要度 c_{ca} の相対比較値 $r_{ca'}^{ca}$ で構成される．

支配代替案法の Step3 で実施される一対比較は，支配代替案を d として，評価基準 c' における代替案 d の重要度 $v_{c'd}$ に比較した評価基準 c における代替案 d の重要度 v_{cd} の相対比較値 $r_{c'd}^{cd}$ で構成される．

代替案 3(1-3)，評価基準 4(① - ④) の時に，支配代替案を代替案 1 とした場合の支配代替案法における，超一対比較行列を図 **11.1** および図 **11.2** に示す．図 **11.1** および図 **11.2** において，* は Step1 で実施された代替案間の一対比較を表し，# は Step3 で実施された評価基準間の一対比較を表す．

代替案 3(1-3)，評価基準 4(① - ④) の時に，全ての代替案を支配代替案とした場合の多重支配代替案法における，超一対比較行列を図 **11.3** および図 **11.4** に示す．図 **11.3** および図 **11.4** において，* は各評価基準における代替案間の一対比較を表し，# は各代替案における評価基準間の一対比較を表す．

第 11 章 超一対比較行列

$$
\begin{array}{c}
\begin{array}{cccccccccccc} ①&①&①&②&②&②&③&③&③&④&④&④\\ 1&2&3&1&2&3&1&2&3&1&2&3 \end{array}\\
\begin{array}{c} ①\,1\\ ①\,2\\ ①\,3\\ ②\,1\\ ②\,2\\ ②\,3\\ ③\,1\\ ③\,2\\ ③\,3\\ ④\,1\\ ④\,2\\ ④\,3 \end{array}\left[\begin{array}{cccccccccccc}
1 & * & * & \# &   &   & \# &   &   & \# &   &   \\
* & 1 & * &   &   &   &   &   &   &   &   &   \\
* & * & 1 &   &   &   &   &   &   &   &   &   \\
\# &   &   & 1 & * & * & \# &   &   & \# &   &   \\
  &   &   & * & 1 & * &   &   &   &   &   &   \\
  &   &   & * & * & 1 &   &   &   &   &   &   \\
\# &   &   & \# &   &   & 1 & * & * & \# &   &   \\
  &   &   &   &   &   & * & 1 & * &   &   &   \\
  &   &   &   &   &   & * & * & 1 &   &   &   \\
\# &   &   & \# &   &   & \# &   &   & 1 & * & * \\
  &   &   &   &   &   &   &   &   & * & 1 & * \\
  &   &   &   &   &   &   &   &   & * & * & 1
\end{array}\right]
\end{array}
$$

図 11.1　支配代替案法の超一対比較行列 (CA × CA)

$$
\begin{array}{c}
\begin{array}{cccccccccccc} ①&②&③&④&①&②&③&④&①&②&③&④\\ 1&1&1&1&2&2&2&2&3&3&3&3 \end{array}\\
\begin{array}{cc} ①&1\\ ②&1\\ ③&1\\ ④&1\\ ①&2\\ ②&2\\ ③&2\\ ④&2\\ ①&3\\ ②&3\\ ③&3\\ ④&3 \end{array}\left[\begin{array}{cccccccccccc}
1 & \# & \# & \# & * &   &   &   & * &   &   &   \\
\# & 1 & \# & \# &   & * &   &   &   & * &   &   \\
\# & \# & 1 & \# &   &   & * &   &   &   & * &   \\
\# & \# & \# & 1 &   &   &   & * &   &   &   & * \\
* &   &   &   & 1 &   &   &   & * &   &   &   \\
  & * &   &   &   & 1 &   &   &   & * &   &   \\
  &   & * &   &   &   & 1 &   &   &   & * &   \\
  &   &   & * &   &   &   & 1 &   &   &   & * \\
* &   &   &   & * &   &   &   & 1 &   &   &   \\
  & * &   &   &   & * &   &   &   & 1 &   &   \\
  &   & * &   &   &   & * &   &   &   & 1 &   \\
  &   &   & * &   &   &   & * &   &   &   & 1
\end{array}\right]
\end{array}
$$

図 11.2　支配代替案法の超一対比較行列 (AC × AC)

11.2 支配代替案法から超一対比較行列

		①1	①2	①3	②1	②2	②3	③1	③2	③3	④1	④2	④3
①	1	1	*	*	#			#			#		
①	2	*	1	*		#			#			#	
①	3	*	*	1			#			#			#
②	1	#			1	*	*	#			#		
②	2		#		*	1	*		#			#	
②	3			#	*	*	1			#			#
③	1	#			#			1	*	*	#		
③	2		#			#		*	1	*		#	
③	3			#			#	*	*	1			#
④	1	#			#			#			1	*	*
④	2		#			#			#		*	1	*
④	3			#			#			#	*	*	1

図 11.3 多重支配代替案法の超一対比較行列 (CA × CA)

		①1	②1	③1	④1	①2	②2	③2	④2	①3	②3	③3	④3
①	1	1	#	#	#	*				*			
②	1	#	1	#	#		*				*		
③	1	#	#	1	#			*				*	
④	1	#	#	#	1				*				*
①	2	*				1	#	#	#	*			
②	2		*			#	1	#	#		*		
③	2			*		#	#	1	#			*	
④	2				*	#	#	#	1				*
①	3	*				*				1	#	#	#
②	3		*				*			#	1	#	#
③	3			*				*		#	#	1	#
④	3				*				*	#	#	#	1

図 11.4 多重支配代替案法の超一対比較行列 (AC × AC)

支配代替案法や多重支配代替案法に現れる超一対比較行列は不完全一対比較行列なので，超一対比較行列における評価値の計算方法は，誤差モデルに基づく対数最小二乗法か，ハーカー法 [7] や二段階法などの固有値法により計算できる．

対数最小二乗法については，11.2.3 で説明する．ハーカー法については，11.3 節において，数値例により説明する．

11.2.3　支配代替案法＋幾何平均法＝超一対比較行列＋対数最小自乗法

本節では，超一対比較行列に対数最小二乗法を適用して得られる総合評価値は，各一対比較行列に幾何平均法を適用して得られた評価値に支配代替案法を適用して求めた総合評価値と一致することを示す．まず，各一対比較行列に幾何平均法を適用して得られた評価値に支配代替案法を適用して求めた総合評価値を求める．さらに，超一対比較行列に対数最小二乗法を適用して得られる総合評価値を求め，先に求めた総合評価値と一致することを示す．

以降では，支配代替案は代替案 1 とする．この仮定は，一般に代替案の番号の付け替えを行うことにより成立させることができる．

(1) 支配代替案法＋幾何平均法

支配代替案法の Step1 で実施される一対比較は，評価基準 c において，代替案 a' の重要度 $v_{ca'}$ に比較した代替案 a の重要度 v_{ca} の相対比較値 $r_{ca'}^{ca}$ で構成される．従って，r_{cj}^{ci} を第 ij 成分とする一対比較行列 R_c^A に幾何平均法を適用して得られる評価基準 c における代替案 a の相対的重要度 u_{ca} は，R_c^A の a 行にある値の幾何平均となる．つまり，

$$u_{ca} = \left(\prod_{a'=1}^{A} r_{ca'}^{ca}\right)^{1/A}, \quad c=1,\ldots,A \ a=1,\ldots,A \tag{11.3}$$

Step2 で，この値は u_{cl} により正規化され，次式のようになる．

$$u_{ca}^1 = u_{ca}/u_{cl} = \left(\prod_{a'=1}^{A} r_{ca'}^{ca}\right)^{1/A} \Big/ \left(\prod_{a'=1}^{A} r_{ca'}^{cl}\right)^{1/A}, c=1,\ldots,C, a=1,\ldots,A \tag{11.4}$$

支配代替案法の Step3 で実施される一対比較は，評価基準 c' における代替案

の重要度 $v_{c'd}$ に比較した評価基準 c における代替案 1 の重要度 v_{cd} の相対比較値 $r_{c'1}^{c1}$ で構成される．従って，r_{j1}^{i1} を第 ij 成分とする一対比較行列 R_1^C に幾何平均法を適用して得られる評価基準 c における代替案 a の相対的重要度 u_c^1 は，R_c^A の c 行にある値の幾何平均となる．ここで，u_c^1 は $\sum_{c=1}^{C} u_c^1 = 1$（合計値が 1）となるように正規化され，次式のようになる．

$$u_c^1 = \left(\prod_{c'=1}^{C} r_{c'1}^{c1}\right)^{1/C} \bigg/ \sum_{c''=1}^{C} \left(\prod_{c'=1}^{C} r_{c'1}^{c''1}\right)^{1/C}, \quad c = 1, \ldots, C \quad (11.5)$$

(11.4), (11.5) 式で示した u_{ca}^1, u_c^1 から代替案 a の総合評価値 $u_a = \sum_{c=1}^{C} u_c^1 u_{ca}^1$ は，次式のようになる．

$$\begin{aligned} u_a &= \sum_{c=1}^{C} u_c^1 u_{ca}^1 \\ &= \sum_{c=1}^{C} \left[\left(\prod_{c'=1}^{C} r_{c'1}^{c1}\right)^{1/C} \left(\prod_{a'=1}^{A} r_{ca'}^{ca}\right)^{1/A} \bigg/ \left(\prod_{a'=1}^{A} r_{ca'}^{c1}\right)^{1/A} \right] \bigg/ \sum_{c=1}^{C} \left(\prod_{c'=1}^{C} r_{c'1}^{c1}\right)^{1/C} \end{aligned}$$
$$(11.6)$$

(2) 超一対比較行列 + 対数最小二乗法

超一対比較行列における一対比較値に対して次式のような誤差モデルを仮定する．

$$r_{c'a'}^{ca} = \varepsilon_{c'a'}^{ca} \frac{v_{ca}}{v_{c'a'}} \quad (11.7)$$

ここで，両辺の対数（底は e とする）を取ることにより，

$$\log r_{c'a'}^{ca} = \log v_{ca} - \log v_{c'a'} + \log \varepsilon_{c'a'}^{ca} \quad (11.8)$$

となる．今後，式を簡潔にするため，$\dot{r}_{c'a'}^{ca} = \log r_{c'a'}^{ca}$, $\dot{v}_{ca} = \log v_{ca}$, $\dot{\varepsilon}_{c'a'}^{ca} = \log \varepsilon_{c'a'}^{ca}$ と，対数をドットで表すことにより，(11.8) 式は，

$$\dot{r}_{c'a'}^{ca} = \dot{v}_{ca} - \dot{v}_{c'a'} + \dot{\varepsilon}_{c'a'}^{ca}, \quad c, c' = 1, \ldots, C, a, a' = 1, \ldots, A \quad (11.9)$$

となる．また，(11.1)，(11.2) 式より，

$$\dot{r}_{ca}^{c'a'} = -\dot{r}_{c'a'}^{ca} \tag{11.10}$$

$$\dot{r}_{ca}^{ca} = 0 \tag{11.11}$$

$\dot{\varepsilon}_{c'a'}^{ca}$ が c, a, c', a' に関係なく，平均 0，分散 σ^2 の独立な確率分布に従うと仮定すると，ガウス・マルコフの定理により，(11.9) 式の誤差モデルに対して，最小二乗推定が最良の推定を与える．

支配代替案法において実施される一対比較は，Step1 で行われる r_{ca}^{ca} と Step3 で実施される $r_{c'd}^{cd}$ の 2 種類である．従って，最小二乗法では，一対比較値 $r_{ca'}^{ca}, c = 1, \ldots, C, a, a' = 1, \ldots, A$ および $r_{c'1}^{c1}, c, c' = 1, \ldots, C$ から

$$S = \sum_{c=1}^{C} \sum_{a=1}^{A-1} \sum_{a'=a+1}^{A} (\dot{r}_{ca'}^{ca} - \dot{v}_{ca} + \dot{v}_{ca'})^2 + \sum_{c=1}^{C-1} \sum_{c'=c+1}^{C} (\dot{r}_{c'1}^{c1} - \dot{v}_{c1} + \dot{v}_{c'1})^2 \tag{11.12}$$

を最小にする $\dot{v}_{ca}$ を求める．

(11.7) 式で示すように，v_{ca} は比だけが問題で，定数倍は任意である．従って，その対数をとった $\dot{v}_{ca}$ は，定数を加えることは任意である．ここでは，簡単に扱うために $v_{11} = 1$，従って $\dot{v}_{11} = 0$ とする．

$\dfrac{\partial S}{\partial v_{ca}} = 0$ より，

$$\frac{1}{2} \frac{\partial S}{\partial v_{c1}} = \sum_{a=1}^{A} (\dot{v}_{c1} - \dot{r}_{ca}^{c1} - \dot{v}_{ca}) + \sum_{c'=1}^{c} (\dot{v}_{c1} - \dot{r}_{c'1}^{c1} - \dot{v}_{c'1})$$

$$= (A\dot{v}_{c1} - \sum_{a=1}^{A} \dot{r}_{ca}^{cl} - \sum_{a=1}^{A} \dot{v}_{ca}) + (C\dot{v}_{c1} - \sum_{c'=1}^{C} \dot{r}_{c'1}^{c1} - \sum_{c'=1}^{C} \dot{v}_{c'1}) = 0,$$

$$c = 2, \ldots, C \tag{11.13}$$

$$\frac{1}{2} \frac{\partial S}{\partial v_{ca}} = \sum_{a'=1}^{A} (\dot{v}_{ca} - \dot{r}_{ca'}^{ca} - \dot{v}_{ca'}) = A\dot{v}_{ca} - \sum_{a'=1}^{A} \dot{r}_{ca'}^{ca} - \sum_{a'=1}^{A} \dot{v}_{ca'} = 0,$$

$$c = 1, \ldots, C, a = 2, \ldots, A \tag{11.14}$$

となる．

$$\dot{v}_{ca} = \frac{1}{C} \sum_{c'=1}^{C} \dot{r}_{c'1}^{c1} + \frac{1}{A} \sum_{a'=1}^{A} \dot{r}_{ca'}^{ca} - \frac{1}{A} \sum_{a'=1}^{A} \dot{r}_{ca'}^{c1} - \frac{1}{C} \sum_{c'=1}^{C} \dot{r}_{c'1}^{11},$$

$$c = 1, \ldots, C, a = 1, \ldots, A \tag{11.15}$$

が，(11.13)，(11.14) 式を満足することは，(11.10)，(11.11) 式を用いて容易に確認できる．(11.15) 式より，

$$\hat{v}_{ca} = \left[\left(\prod_{c'=1}^{C} r_{c'1}^{c1} \right)^{1/C} \left(\prod_{a'=1}^{A} r_{ca'}^{ca} \right)^{1/A} \bigg/ \left(\prod_{a'=1}^{A} r_{ca'}^{c1} \right)^{1/A} \left(\prod_{c'=1}^{C} r_{c'1}^{11} \right)^{1/C} \right],$$
$$c = 1, \ldots, C, a = 1, \ldots, A \tag{11.16}$$

となる．ここで，支配代替案法の Step3 における正規化に合わせて，支配代替案（代替案 1）の総合評価値が 1 となるように，正規化を行ったものを $\hat{u}_{ca}, c = 1, \ldots, C, a = 1, \ldots, A$ とする．つまり，$\sum_{c=1}^{C} \hat{u}_{c1} = 1$ とする．従って，

$$\hat{v}_{ca} = \left[\left(\prod_{c'=1}^{C} r_{c'1}^{c1} \right)^{1/C} \left(\prod_{a'=1}^{A} r_{ca'}^{ca} \right)^{1/A} \bigg/ \left(\prod_{a'=1}^{A} r_{ca'}^{c1} \right)^{1/A} \sum_{c''=1}^{C} \left(\prod_{c'=1}^{C} r_{c'1}^{c''1} \right)^{1/C} \right],$$
$$c = 1, \ldots, C, a = 1, \ldots, A \tag{11.17}$$

となる．

よって，(11.17) 式より，代替案 a の総合評価値 $\hat{u}_a = \sum_{c=1}^{C} \hat{u}_{ca}$ は (11.6) 式と一致する．以上により，超一対比較行列に対数最小二乗法を適用して得られる評価値は，各一対比較行列に幾何平均法を適用して得られた評価値に支配代替案法を適用して求めた総合評価値と一致することを示した．

11.3 超一対比較行列の計算例

代替案としては代替案 1 から代替案 3 の 3 案とし，評価基準として評価基準 ① 〜評価基準 ④ の 4 基準とする．代替案 1 を支配代替案とする．

評価基準 c ($c = $ ① ,..., ④) における代替案間の一対比較の結果得られた一対比較行列 R_c^A, $c = $ ① ,..., ④ を以下に示す．

$$\begin{bmatrix} 1 & 1/3 & 5 & 1/3 & & 3 & & 1/3 & & \\ 3 & 1 & 3 & & & & & & & \\ 1/5 & 1/3 & 1 & & & & & & & \\ 3 & & & 1 & 7 & 3 & 3 & & 1 & \\ & & & 1/7 & 1 & 1/3 & & & & \\ & & & 1/3 & 3 & 1 & & & & \\ 1/3 & & & 1/3 & & & 1 & 1/3 & 1/3 & 1/3 \\ & & & & & & 3 & 1 & 1/3 & \\ & & & & & & 3 & 3 & 1 & \\ 3 & & & 1 & & & 3 & & & 1 & 3 & 5 \\ & & & & & & & & & 1/3 & 1 & 1 \\ & & & & & & & & & 1/5 & 1 & 1 \end{bmatrix}$$

図 11.5 例題の超一対行列

$$R^A_① = \begin{bmatrix} 1 & 1/3 & 5 \\ 3 & 1 & 3 \\ 1/5 & 1/3 & 1 \end{bmatrix} \quad R^A_② = \begin{bmatrix} 1 & 7 & 3 \\ 1/7 & 1 & 1/3 \\ 1/3 & 3 & 1 \end{bmatrix}$$

$$R^A_③ = \begin{bmatrix} 1 & 1/3 & 1/3 \\ 3 & 1 & 1/3 \\ 3 & 3 & 1 \end{bmatrix} \quad R^A_④ = \begin{bmatrix} 1 & 3 & 5 \\ 1/3 & 1 & 1 \\ 1/5 & 1 & 1 \end{bmatrix}$$

支配代替案 1 を代表として，評価基準間の重要度を一対比較した結果得られた一対比較行列 R^C_1 を次に示す．

$$R^C_1 = \begin{bmatrix} 1 & 1/3 & 3 & 1/3 \\ 3 & 1 & 3 & 1 \\ 1/3 & 1/3 & 1 & 1/3 \\ 3 & 1 & 3 & 1 \end{bmatrix}$$

本例題を超一対評価行列として並べたものを，図 11.5 に示す．

11.3.1　超一対比較行列 + 対数最小二乗法（= 幾何平均法 + 支配代替案法）

図 11.5 の超一対比較行列に対数最小二乗法を適用する場合は，図 11.5 に示

11.3 超一対比較行列の計算例

表 11.1 各代替案の幾何平均値

	評価基準 ①	評価基準 ②	評価基準 ③	評価基準 ④
代替案 1	1.186	2.759	0.481	2.466
代替案 2	2.080	0.362	1.000	0.693
代替案 3	0.405	1.000	2.080	0.585

表 11.2 正規化した各代替案の評価値

	評価基準 ①	評価基準 ②	評価基準 ③	評価基準 ④
代替案 1	1.000	1.000	1.000	1.000
代替案 2	1.754	0.131	2.080	0.281
代替案 3	0.342	0.362	4.327	0.237

された各成分の値を (11.17) 式に代入することにより求めることができる．

ここでは，より理解を深めるため，11.2.1 で示した支配代替案法のステップに従い，各一対比較行列に幾何平均法を適用して得られた評価値に支配代替案法を適用して総合評価値を求める．11.2.3 で示したように，超一対比較行列に対数最小二乗法を適用して得られる総合評価値は，各一対比較行列に幾何平均法を適用して得られた評価値に支配代替案法を適用して求めた総合評価値と一致する．

Step1:

評価基準 $c(c = ①, ..., ④)$ における代替案間の一対比較の結果得られた一対比較行列 $R_c^A, c = ① ... ④$ の第 a $(a = 1, ..., 3)$ 行の幾何平均が評価基準 $c(c = ①, ..., ④)$ における代替案 a の相対的重要度 u_{ca} になる．

例えば評価基準 ① における代替案 1 の相対的重要度 $u_{①1}$ は，$R_①^A$ の第 1 行の幾何平均を計算することにより，$u_{①1} = \sqrt[3]{1 \times (1/3) \times 5} = 1.186$ となる．同様に幾何平均により計算した結果を**表 11.1** に示す．

Step2:

代替案 1 を支配代替案としたので，評価基準 c における代替案 a の重要度 u_{ca} は，支配代替案 1 の重要度 u_{c1} により正規化され，その値を $u_{ca}^1 (= u_{ca}/u_{cd})$ とする．例えば評価基準 ① における代替案 2 の評価値は，$u_{①2}^1 / u_{①1} = 2.080/1.186$ と正規化される．同様に正規化した値を**表 11.2** に示す．

Step3:

支配代替案 1 を代表として評価基準間の一対比較をもとに得られた一対比較行列 R_1^C の第 $c(c=①,...,④)$ 行の幾何平均が評価基準 $c(c=①,...,④)$ の重要度 u_c^1 となる．ここで，u_c^1 は $\sum_{c=1}^{C} u_c^d = 1$（合計値が 1）となるように正規化する．

$$R_1^C = \begin{bmatrix} 1 & 1/3 & 3 & 1/3 \\ 3 & 1 & 3 & 1 \\ 1/3 & 1/3 & 1 & 1/3 \\ 3 & 1 & 3 & 1 \end{bmatrix}$$

$\sqrt[4]{1 \times (1/3) \times 3 \times (1/3)} = 0.7598,\ \sqrt[4]{3 \times 1 \times 3 \times 1} = 1.7321,$
$\sqrt[4]{(1/3) \times (1/3) \times 1 \times (1/3)} = 0.4387,\ \sqrt[4]{3 \times 1 \times 3 \times 1} = 1.7321,$
$0.7598 + 1.7321 + 0.4387 + 1.7321 = 4.6626$

より，

$$u_①^1 = 0.7598/4.6626 = 0.163,\quad u_②^1 = 1.7321/4.6626 = 0.372,$$
$$u_③^1 = 0.4387/4.6626 = 0.094,\quad u_④^1 = 1.7321/4.6626 = 0.372$$

となる．

Step4:

Step2, 3 で得られた u_{ca}^1, u_c^1 から，代替案 a の評価基準 c における評価値 $u_{ca}^1 u_c^1$ を足し合わせ，代替案 a の総合評価値 $u_a = \sum_{c=1}^{C} u_c^1 u_{ca}^1$ を求める．代替案 a の評価基準 c における評価値 $u_{ca}^1 u_c^1$ を足し合わせ，代替案 a の総合評価値 u_a を**表 11.3** に示す．Step2, 3 の正規化より $u_1 = 1$ となる．よって，支配代替案 d の総合評価値が 1 となるように正規化されている．

11.3.2　超一対比較行列 + ハーカー法

ハーカー法では，対角成分の値をその行の欠落部分の数 +1 に設定することにより，後は通常の固有値法により評価値を求める．固有値および固有ベクト

11.3 超一対比較行列の計算例

表 11.3 対数最小二乗法で求めた評価値

	評価基準 ①	評価基準 ②	評価基準 ③	評価基準 ④	総合評価値
代替案 1	0.163	0.372	0.094	0.372	1.000
代替案 2	0.286	0.049	0.196	0.104	0.635
代替案 3	0.056	0.135	0.407	0.088	0.686

$$H = \begin{bmatrix} 7 & 1/3 & 5 & 1/3 & & & 3 & & & 1/3 & & \\ 3 & 10 & 3 & & & & & & & & & \\ 1/5 & 1/3 & 10 & & & & & & & & & \\ 3 & & & 7 & 7 & 3 & 3 & & & 1 & & \\ & & & 1/7 & 10 & 1/3 & & & & & & \\ & & & 1/3 & 3 & 10 & & & & & & \\ 1/3 & & & 1/3 & & & 7 & 1/3 & 1/3 & 1/3 & & \\ & & & & & & 3 & 10 & 1/3 & & & \\ & & & & & & 3 & 3 & 10 & & & \\ 3 & & & 1 & & & 3 & & & 7 & 3 & 5 \\ & & & & & & & & & 1/3 & 10 & 1 \\ & & & & & & & & & 1/5 & 1 & 10 \end{bmatrix}$$

図 11.6 ハーカー法の超一対行列

ルは，H に適当な要素数 CA の初期ベクトルからベクトルを掛けて正規化することを一定値に収束するまで繰り返すべき乗法により求めることができる．

図 11.6 にハーカー法の超一対比較行列を示す．H にべき乗法を適用することにより，

$$\begin{bmatrix} 7 & 1/3 & 5 & 1/3 & & & 3 & & & 1/3 & & \\ 3 & 10 & 3 & & & & & & & & & \\ 1/5 & 1/3 & 10 & & & & & & & & & \\ 3 & & & 7 & 7 & 3 & 3 & & & 1 & & \\ & & & 1/7 & 10 & 1/3 & & & & & & \\ & & & 1/3 & 3 & 10 & & & & & & \\ 1/3 & & & 1/3 & & & 7 & 1/3 & 1/3 & 1/3 & & \\ & & & & & & 3 & 10 & 1/3 & & & \\ & & & & & & 3 & 3 & 10 & & & \\ 3 & & & 1 & & & 3 & & & 7 & 3 & 5 \\ & & & & & & & & & 1/3 & 10 & 1 \\ & & & & & & & & & 1/5 & 1 & 10 \end{bmatrix} \begin{bmatrix} 0.196 \\ 0.370 \\ 0.074 \\ 0.352 \\ 0.039 \\ 0.107 \\ 0.095 \\ 0.190 \\ 0.391 \\ 0.356 \\ 0.087 \\ 0.072 \end{bmatrix} = 12.190 \begin{bmatrix} 0.196 \\ 0.370 \\ 0.074 \\ 0.352 \\ 0.039 \\ 0.107 \\ 0.095 \\ 0.190 \\ 0.391 \\ 0.356 \\ 0.087 \\ 0.072 \end{bmatrix}$$

表 11.4　対数最小二乗法で求めた評価値

	評価基準 ①	評価基準 ②	評価基準 ③	評価基準 ④	総合評価値
代替案 1	0.196	0.352	0.095	0.356	1.000
代替案 2	0.370	0.039	0.190	0.087	0.687
代替案 3	0.074	0.107	0.391	0.072	0.645

となり，H の固有値および固有ベクトルが得られる．その固有ベクトルを整理したものを，各評価基準における評価値を足し合わせて得られる各代替案の総合評価値とあわせて，表 11.4 に示す．なおここでは，他の方法により求めた結果と比較可能にするため，代替案 1 の総合評価値 $u_1 = \sum_{c=1}^{C} u_{c1}$ が 1 になるように正規化を行っている．

11.3.3　支配代替案法＋固有値法

Step1, 2:

個別の一対比較行列 $R_c^A (c=1,\ldots,4)$ の固有値，固有ベクトルをべき乗法により計算した結果，下記のようになる．

$$\begin{bmatrix} 1 & 1/3 & 5 \\ 3 & 1 & 3 \\ 1/5 & 1/3 & 1 \end{bmatrix} \begin{bmatrix} 1.000 \\ 1.754 \\ 0.342 \end{bmatrix} = 3.295 \begin{bmatrix} 1.000 \\ 1.754 \\ 0.342 \end{bmatrix}$$

$$\begin{bmatrix} 1 & 7 & 3 \\ 1/7 & 1 & 1/3 \\ 1/3 & 3 & 1 \end{bmatrix} \begin{bmatrix} 1.000 \\ 0.131 \\ 0.362 \end{bmatrix} = 3.007 \begin{bmatrix} 1.000 \\ 0.131 \\ 0.362 \end{bmatrix}$$

$$\begin{bmatrix} 1 & 1/3 & 1/3 \\ 3 & 1 & 1/3 \\ 3 & 3 & 1 \end{bmatrix} \begin{bmatrix} 1.000 \\ 2.080 \\ 4.327 \end{bmatrix} = 3.136 \begin{bmatrix} 1.000 \\ 2.080 \\ 4.327 \end{bmatrix}$$

$$\begin{bmatrix} 1 & 3 & 5 \\ 1/3 & 1 & 1 \\ 1/5 & 1 & 1 \end{bmatrix} \begin{bmatrix} 1.000 \\ 0.281 \\ 0.237 \end{bmatrix} = 3.029 \begin{bmatrix} 1.000 \\ 0.281 \\ 0.237 \end{bmatrix}$$

各固有ベクトルは，代替案 1 の値が 1 になるように正規化されている．この結

表 11.5　固有値法で求めた各代替案の評価値

	評価基準 ①	評価基準 ②	評価基準 ③	評価基準 ④
代替案 1	1.000	1.000	1.000	1.000
代替案 2	1.754	0.131	2.080	0.281
代替案 3	0.342	0.362	4.327	0.237

表 11.6　対数最小二乗法で求めた評価値

	評価基準 ①	評価基準 ②	評価基準 ③	評価基準 ④	総合評価値
代替案 1	0.169	0.368	0.096	0.368	1.000
代替案 2	0.296	0.048	0.199	0.103	0.646
代替案 3	0.058	0.133	0.414	0.087	0.692

果を整理したものが**表 11.5**である．上式より，$R_1^A, R_2^A, R_3^A R_4^A$ の固有値はそれぞれ 3.259, 3.007, 3.136, 3.029 であり，C.I. の値はそれぞれ 0.147, 0.004, 0.068, 0.015, となる．

Step3:

R_1^C の固有値，固有ベクトルをべき乗法により計算した結果，下記のようになる．

$$\begin{bmatrix} 1 & 1/3 & 3 & 1/3 \\ 3 & 1 & 3 & 1 \\ 1/3 & 1/3 & 1 & 1/3 \\ 3 & 1 & 3 & 1 \end{bmatrix} \begin{bmatrix} 0.169 \\ 0.368 \\ 0.096 \\ 0.368 \end{bmatrix} = 4.155 \begin{bmatrix} 0.169 \\ 0.368 \\ 0.096 \\ 0.368 \end{bmatrix}$$

よって，$u^1_① = 0.169$, $u^1_② = 0.368$, $u^1_③ = 0.096$, $u^1_④ = 0.368$ となる．また，R_1^C の固有値は 4.155 であり，C.I. の値は 0.052 となる．

Step4:

Step2, 3 で得られた u^1_{ca}, u^1_c から，代替案 a の評価基準 c における評価値 $u^1_{ca} u^1_c$ を足し合わせ，代替案 a の総合評価値 $u_a = \sum_{c=1}^{C} u^1_c u^1_{ca}$ を求める．代替案 a の評価基準 c における評価値 $u^1_{ca} u^1_c$ を足し合わせ，代替案 a の総合評価値 u_a を**表 11.6** に示す．Step2, 3 の正規化より $u_1 = 1$ となる．よって，支配代替案 d の総合評価値が 1 となるように正規化されている．

表 11.6 に示した各一対比較行列で固有値法により求めた評価値に支配代替案法を適用して求めた評価値は，表 11.4 に示した超一対比較行列にハーカー法を適用して得られる評価値と一致しない．

第12章
支配型AHPによる食サービスの感性評価

12.1 はじめに

　現在，日米ともにサービス産業は，就業人口の70%，GDPの75%を占めており，2001年以降の経済成長の大部分を担っている．このような状況の中，国の競争力維持・強化のために様々なサービスイノベーションが必要であり，民間企業が提供する各種サービスをはじめ，政府や自治体の行政サービス，大学などの教育サービス等の効率性，生産性の飛躍的改善が求められている．しかしながら，サービスの体系的な整理は遅れており，また，サービスシステムの設計は，ほとんど経験と勘に頼っているのが現状で，設計理論は皆無といっても過言でなく，サービスの生産性向上に向けた科学的なアプローチが必要である．

　ところで，食産業においては，ますます増える各種外食産業だけでなく，弁当，おにぎり，惣菜などを扱うコンビニエンス・ストアに代表される中食産業など，食に関連する産業は様変りしており，また，社会の中で大きなウェートを占めるようになってきた．さらに，健康問題や特に最近では安全の問題との関連もあり，食に対する問題は現在極めて重要なものになっている．そこで本章では，人間の食に対する感性を定量的に評価し，その評価に基づいた商品開発や販売戦略を検討するのに役立ち，さらに，消費者へのサービス向上につながる方法として，人間の主観的判断による意思決定支援に有効な方法として1970年代にSaaty（サーティ）により提案されたAHP (Analytic Hierarchy Process) [1-2]に着目し，より人間の側に立った感性工学的な手法と考えられる支配型AHPを用いた食感性評価について検討する．

12.2 従来型 AHP と支配型 AHP

12.2.1 従来型 AHP

AHP はサーティによって提案された代替案の重要度を決定する意思決定法である．サーティの従来型 AHP では，問題解決や意思決定をするにあたり，最初に解決したい問題を，

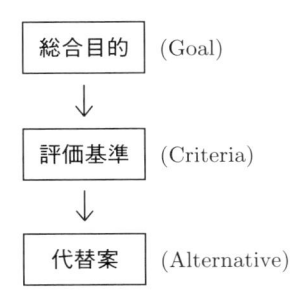

総合目的 (Goal)
↓
評価基準 (Criteria)
↓
代替案 (Alternative)

の関係でとらえ，図 **12.1** に示すような階層構造を作り上げる．

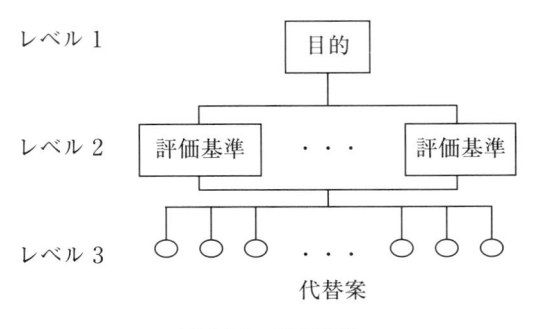

図 12.1 階層構造

この階層構造の最上層（レベル 1）には 1 つの要素からなる総合目的 (Goal) を置く．レベル 2 以降には意思決定のための評価基準 (Criteria) を設定する．評価基準の要素数は意思決定者が自由に判断することが可能である．問題解決のためには，様々な状況に応じて問題の構造を表す的確な階層図を構築することが必要である．感性は階層構造を持つと考えられており [3-7]，AHP を用い

12.2 従来型 AHP と支配型 AHP

表 12.1 重要性の尺度と定義

重要性の尺度	定義
1	同じくらい重要 (equal importance)
3	やや重要 (weak importance)
5	かなり重要 (strong importance)
7	非常に重要 (very strong importance)
9	極めて重要 (absolute importance)

る際には，問題の構造を明らかにし，それを表す階層図を作成するため，AHP は感性評価に適した手法であると考えられる．

最後に，最下層には選択する代替案 (Alternative) を配置し，これで階層構造は完成となる．

次に各階層の要素間でそれぞれ一対比較することにより，各要素への重み付けを行う．一対比較とは，2 つの要素間についてどちらが重要かを判断し記述する行為で，総合目的から見た評価基準の一対比較，評価基準から見た代替案の一対比較を行う．このとき，n を比較要素数とすると意思決定者は，n(n − 1)/2 個の一対比較をする必要がある．2 つの要素間を一対比較するときの重要性の尺度を**表 12.1** に示す．

2 つの要素間の一対比較の結果から**表 12.1** の尺度を用いて作る一対比較行列 A の主固有ベクトルの成分が各要素への重みとなる．階層内の一対比較により一対比較行列を作り，n 個の要素への重みを成分とする重みベクトル

$$W = \begin{bmatrix} w_1 \\ w_2 \\ \vdots \\ w_n \end{bmatrix} \tag{12.1}$$

を求めることになる．このとき要素 i の要素 j に対する重要度を a_{ij} とする．このとき，一対比較行列は，$A = [a_{ij}]$ と表現でき，仮に重み W が既知であるとすると，$A = [a_{ij}]$ は，次のようになる．

$$A = \begin{bmatrix} w_1/w_1 & w_1/w_2 & \cdots & w_1/w_n \\ w_2/w_1 & w_2/w_2 & \cdots & w_2/w_n \\ \vdots & \vdots & \cdots & \vdots \\ w_n/w_1 & w_n/w_2 & & w_n/w_n \end{bmatrix} \quad (12.2)$$

ただし,

$$a_{ij} = w_i/w_j, \quad a_{ji} = 1/a_{ij}, \quad i,j = 1,2,\cdots,n$$

である.この場合,すべての i, j, k について

$$a_{ij} \times a_{jk} = a_{ik} \quad (12.3)$$

が成り立つ.これは,意思決定者の判断が完全に整合性が保たれている状態である.この一対比較行列 A に重みベクトルである W を掛けると,ベクトル nW が得られる.すなわち,

$$AW = nW \quad (12.4)$$

となり,この式は,固有値問題として,

$$(A - nI)W = 0 \quad (12.5)$$

に変形できる.ここで,$W \neq 0$ が成り立つには,n が A の固有値になる必要があり,このとき,W は A の固有ベクトルとなる.さらに,A の階数は 1 であるため,固有値 $\lambda_i (i = 1, 2, \cdots, n)$ は 1 つだけを除いてすべて零となる.また,A の主対角要素の和は n である.ここで,唯一,零でない λ_i は n となり,重みベクトル W は A の最大固有値に対する正規化した固有ベクトルとなる.しかし,実際の状況下において W は未知であるため,これを実際に得られた一対比較行列 A より求めなければならない.そこで,A の最大固有値を $\lambda_{\max}$ とすると,

$$AW = \lambda_{\max} W \quad (12.6)$$

となる.これを解くことにより,W を求めることができる.つまり,一対比較行列の最大固有値 $\lambda_{\max}$ に対する固有ベクトルが各評価基準の重みとなる.ここで,代替案のすぐ上の評価基準の重みを W とし,代替案に直接かかる各評価基準からの各代替案の重みを計算したものを評価行列 M とすると各代替案

の優先度としての総合表価値を $E_1, E_2, \cdots, E_n$ とし，これを成分とするベクトルは，

$$E = \begin{bmatrix} E_1 \\ E_2 \\ \vdots \\ E_n \end{bmatrix} = MW \tag{12.7}$$

となる．

12.2.2 支配型 AHP

第10章でも触れたが，本項では木下・中西によって提案された支配型 AHP[8-12] についてもう一度述べる．従来型 AHP がすべての代替案の評価値について評価値を全体で1に正規化するのに対して，支配型 AHP ではある1つの代替案に着目し，その代替案（支配代替案と呼ぶ）を基準に評価を行う．

支配型 AHP では評価の土台となるベンチマークとなった代替案を支配代替案と呼び，それ以外の代替案を服従代替案と呼ぶ．

代替案 X, Y, Z をそれぞれ支配代替案としたときの評価基準の重みを，それぞれ，W_X, W_Y, W_Z とし，それらを成分とする行列を

$$W = (W_X, W_Y, W_Z) \tag{12.8}$$

とする．また，評価基準の下での評価値を成分とする行列 M と行列 M_i をそれぞれ次式で表す．

$$M = \begin{bmatrix} a_{XI} & a_{XII} \\ a_{YI} & a_{YII} \\ a_{ZI} & a_{ZII} \end{bmatrix} \tag{12.9}$$

$$M_i = M \begin{bmatrix} 1/a_{iI} & 0 \\ 0 & a_{iII} \end{bmatrix} = MA_i^{-1} \tag{12.10}$$

だたし，

$$A_i = \begin{bmatrix} a_{iI} & 0 \\ 0 & a_{iII} \end{bmatrix} \tag{12.11}$$

とする．

　支配型 AHP ではある代替案に着目し，その代替案を基準にして他の代替案を評価する．具体的には，各評価基準の下での支配代替案の評価値を 1 に正規化して，服従代替案との評価を行う．

　例えば代替案 X が支配代替案であるとき，X から見た評価基準の重みは

$$A_X A_X^{-1} W_X = W_X \tag{12.12}$$

となる．また，評価基準の下での評価値は，代替案 X の評価値を 1 に正規化するため

$$M_X = M A_X^{-1} \tag{12.13}$$

となる．そして，代替案の優先度として総合評価値は

$$M_X (A_X A_X^{-1} W_X) = M A_X^{-1} W_X \tag{12.14}$$

で与えられる．このとき，Y から見た評価基準の重みの推定値は $A_Y A_X^{-1} W_X$ となり，総合評価値は

$$M_Y (A_Y A_X^{-1} W_X) = M A_X^{-1} W_X \tag{12.15}$$

となる．同様に，Z から見た評価基準の重みの推定値は $A_Z A_X^{-1} W_X$ となり，総合評価値は，

$$M_Z (A_Z A_X^{-1} W_X) = M A_X^{-1} W_X \tag{12.16}$$

で与えられる．(12.14)〜(12.16) の各式より，代替案 X，Y，Z から見た総合評価値をそれぞれ得るが，(12.14)〜(12.16) の各式について合計が 1 になるように正規化すると，それぞれの代替案から見た総合評価値は一致する．

12.2.3 支配型 AHP の食感性評価への導入

　サーティの提案した従来型 AHP は，総合目的から代替案まで一方向的な流れによって意思決定が行われる．そして，すべての代替案を全体的に均等に見渡す視点に立ち，代替案の評価値を合計で 1 となるように正規化するのが特徴である．しかし，従来型 AHP には以下の 2 つの問題点がある．

(1) 代替案の評価値に対する合計 1 の正規化による縮約が代替案の順位逆転を発生させる．
(2) 実際の人々の意思決定や評価の際は，ある代替案を基準にし，それ以外の代替案と比較する，ベンチマークやたたき台といった評価行動をとったり，特定の評価基準を念頭に置いて代替案を評価したりする場合があり，そうした場合に従来型 AHP は対応できない．

以上の問題を解決するため，木下・中西は，従来型 AHP とは異なる意思決定モデルとして 12.2.2 で述べた支配型 AHP を提案した．支配型 AHP は，人々の意思決定が，まずある代替案（この代替案を支配代替案と呼んでいる）に着目し，それを基準に評価するプロセスをたどる．人間の意思決定において，すべての代替案を均等に見渡すのでなく，差別的個性を持つ代替案を基準にし，意思決定を行うのが特徴である．支配型 AHP は特定の支配代替案を設定し，支配代替案の評価を基準に評価基準の重みを決める．ある評価基準について支配代替案の評価値を 1 として評価を行う．そのため，支配代替案を変化させることで，評価基準の重みは異なるものの，代替案の総合評価値については整合性が保たれている．支配型 AHP は順位逆転問題（有名な例として Belton と Gear の例がある [13]）の原因となる個別の評価値の正規化の排除と，より広範囲な人間の意思決定に対応する特定の支配代替案の設定という 2 つの特徴を持っている．支配型 AHP は，代替案の順位逆転が起こらないというオペレーション上の効用とともに，より人間の側に立った手法ということに着目して，感性評価にこれを導入するものである．食感性評価に支配型 AHP を適用することにより，個人による違いが大きい人間の食に対する感性をより詳細に分析し鮮明に反映した評価になると考えられる．

12.3 人間の食行動と AHP

AHP を適用する際には，問題の構造を明らかに，それを示す階層図を作成することが重要なスタートとなる．そこで，食に関する問題の構造を明らかにするために，本節では，人間の食行動について検討する．

人間にとって食べることは，生きていくため，活動するために必要不可欠で，

どのような状況にあっても，また，食に対する興味の有無に関わらず，人間は食べなければ生きていくことはできない．これより，人間の食に対する行動として，簡便に食事をすませようとする傾向が生じる．また，人間は，必要だから食べるだけでなく，食べることを楽しむ．これは，おいしさを追求したり，食文化を大切にしたりすることで，これにより，本格的に食事をするという傾向が生じる．さらに，食品は，それを摂取すると体のために良いとか，あるいは，これを摂取すると体に悪いという健康的側面の機能を備えていることから，健康に十分気をつけて食事をしようとする傾向が生じる．人間が生きるために必要であるから食べるだけで，食事に対しあまりこだわりがないと食行動としては簡便志向となり，それに対し，食事というものにこだわりをもち，そのこだわりが心を癒すことに向かうと本格志向，体を癒すことに向かうと健康志向になる．いま，街を見るとファーストフード店やコンビニエンス・ストアが至るところに立ち並ぶ．これは簡便に食事をすませようとする人が多いことの証左である一方，1986 年にイタリアでハンバーガーショップの第 1 号が出店されたとき，これではイタリアの食文化がダメになってしまうという危機感から起こったスローフード運動などに見られるように，食文化を守り，食を楽しむという食行動も顕著である．これは，日本人の中に見られるスローライフ志向とも関連する．また，従来から健康食品といったものがよく見られるが，現在でも根強く存在し，最近では機能性食品という食品のジャンルも見かけるようになった．このようなことから，人間の食行動に関する枠組みとして，人間の食事傾向を簡便志向，健康志向，本格志向に分類し，これを基に，AHP を用いて人間の食に対する感性を評価することにより，食産業において自社が開発・提供した商品（食品）は，消費者にどのようなイメージで捉えられるか，あるいは，消費者に特定のイメージをしてもらいたい商品を開発・提供するのに役立ち，消費者へのサービスの生産性向上につなげることができるものと考えられる．

12.4 AHP の食感性評価への適用

　前節で行った人間の食行動の分類に基づいて，人間の食に対する感性評価に AHP を適用するため，次の階層図 [5-7,12,14] を考える．
　この階層図を基に，評価基準への重みを簡便，健康，本格を重視する程度を

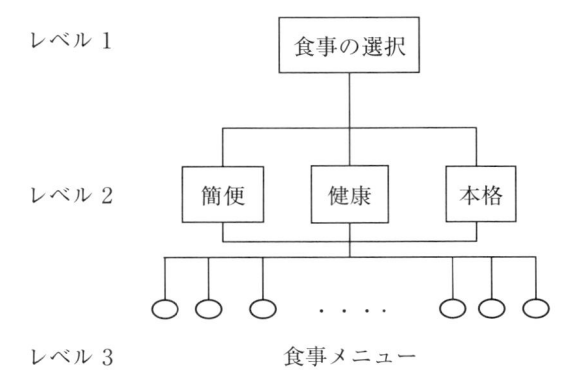

図 12.2　食事の選択に関する階層図

示す簡便志向度，健康志向度，本格志向度，また，評価基準から見た代替案の評価を代替案となる各食事メニューの主観的特性としての簡便指向度，健康指向度，本格指向度とし，両者の加法和を各食事メニューの嗜好度として代替案の総合評価を行う．

なお，ここでは，階層図における評価基準を簡便，健康，本格としたが，評価基準は目的に応じて設定する必要がある．ここに設定した簡便，健康，本格という評価基準は，前節で述べたいつの時代にも当てはまるような人間の根源的な食行動を考えた結果の設定であるので，食産業において実際にAHPを適用する際には，時代や販売する地域の状況，商品の内容や販売戦略に応じた評価基準を設定する必要がある．

12.5　食産業におけるAHPを用いたサービスの生産性の向上

感性工学の視点から各種食産業におけるサービスの生産性について考えた場合，サービスを提供する側が消費者の年齢，性別，職業等の属性やライフスタイルから提供する食品やメニュー等を検討するだけでなく，サービスを受ける消費者の側に立った検討も必要であり，有効と考えられる．具体的には，消費者の食事傾向や食嗜好のAHPによる調査を実施し，その分析結果を基にして，購入食品や注文メニューの提案をするという新しいサービスの提供などが考え

られ，サービスの生産性向上に向けた検討が可能になると考えられる．その際，12.2.2 で従来型 AHP よりもより人間の側にたった手法としてその概要を述べ，次節で食感性評価に用いることの有用性について述べる支配型 AHP は，食産業におけるサービスの生産性向上に向けた大きな貢献をすることができるものと期待される．

12.6 従来型 AHP と支配型 AHP による食感性評価

12.6.1 従来型 AHP による食感性評価

図 12.1 の階層図における代替案となる食事メニューを自分が最も好きな食事メニューと最も嫌いな食事メニューとしてアンケートを行った回答例を示す．この被験者は女子大学生で，最も好きな食事メニューがスパゲティカルボナーラ，最も嫌いな食事メニューをインスタントの味噌汁として回答したものである．まず，「評価基準への重みを求めるアンケートの回答」は，

- 簡便と健康を比較して，健康を非常に重視する．
- 健康と本格を比較して，本格をやや重視する．
- 本格と簡便を比較して，本格をかなり重視する．

であり，「評価基準から見た代替案の評価を求めるアンケートの回答」は次の通りである．

スパゲティカルボナーラとインスタントの味噌汁を比較して，

- 評価基準「簡便」については，インスタントの味噌汁の方が極めて簡便指向と思う．
- 評価基準「健康」については，インスタントの味噌汁の方がやや健康指向と思う．
- 評価基準「本格」については，スパゲティカルボナーラの方が極めて本格指向と思う．

この回答に対する従来型 AHP による評価結果を表 12.2 に示す．

表 12.2 従来型 AHP による評価

評価項目	簡便	健康	本格
評価基準への重み	0.08	0.32	0.60
スパゲティカルボナーラ	0.19	0.33	0.81
インスタントの味噌汁	0.81	0.67	0.19
スパゲティカルボナーラの総合評価値		0.61	
インスタントの味噌汁の総合評価値		0.39	

12.6.2 支配型 AHP による食感性評価

前節で述べたアンケートと同じ女子大学生を被験者とし，最も好きな食事メニューであるスパゲティカルボナーラを支配代替案，最も嫌いな食事メニューであるインスタントの味噌汁を服従代替案として，スパゲティカルボナーラから見た評価基準への重みを求めるアンケートの回答は，

- 簡便と健康を比較して，健康が非常に重要である．
- 健康と本格を比較して，本格がやや重要である．
- 本格と簡便を比較して，本格がかなり重要である．

で，この回答に対する支配代替案のカルボナーラから見た評価結果を**表 12.3**，服従代替案のインスタントの味噌汁から見た評価結果を**表 12.4** に示す．

表 12.3 支配代替案から見た評価

評価項目	簡便	健康	本格
評価基準への重み	0.07	0.18	0.75
スパゲティカルボナーラ	1.00	1.00	1.00
インスタントの味噌汁	4.26	2.09	0.23
スパゲティカルボナーラの総合評価値		1.00	
インスタントの味噌汁の総合評価値		0.85	

表 12.4 服従代替案から見た評価

評価項目	簡便	健康	本格
評価基準への重み	0.35	0.45	0.20
スパゲティカルボナーラ	0.23	0.48	4.35
インスタントの味噌汁	1.00	1.00	1.00
スパゲティカルボナーラの総合評価値		1.17	
インスタントの味噌汁の総合評価値		1.00	

12.7 食感性評価結果

表 12.2 より各代替案の評価基準から見た評価値では，スパゲティカルボナーラは本格指向度，インスタントの味噌汁は簡便指向度が 0.81 とそれぞれ最大で，また，最小となるのは，スパゲティカルボナーラは簡便指向度，インスタントの味噌汁は本格指向度でそれぞれ 0.19 である．そして，支配代替案の本格指向度が高く簡便指向度が低いカルボナーラから見た評価基準への重みとしての被験者の本格志向度は，従来型 AHP による評価値の表 12.2 に示す 0.60 から支配型 AHP による評価値の表 12.3 に示す 0.75 と高くなり，簡便志向度は，従来型 AHP による評価値の表 12.2 に示す 0.08 から支配型 AHP による評価値の表 12.3 に示す 0.07 とやや低くなっている．それに対し，簡便指向度が高く本格指向度が低い服従代替案のインスタントの味噌汁から見た評価基準への重みとしての被験者の簡便志向度は，従来型 AHP による評価値の表 12.2 に示す 0.19 から支配型 AHP による評価値の表 12.4 に示す 0.35 と高くなり，本格志向度は，従来型 AHP による評価値の表 12.2 に示す 0.60 から支配型 AHP による評価値の表 12.4 に示す 0.20 と低くなっている．このように，支配型 AHP を用いることにより，代替案の主観的特性も反映した人間の感性を従来型 AHP より鮮明に表した感性評価を行うことが可能となる．

一方，支配型 AHP における支配代替案から見た評価値を示す表 12.3 と服従代替案からみた評価値を示す表 12.4 における 2 つの代替案の総合評価値を合計が 1 になるようにそれぞれ基準化すると支配代替案から見た評価値，服従代替案から見た評価値はともにスパゲティカルボナーラが 0.54，インスタントの味噌汁が 0.46 と，前述したように等しくなる．

以上のように，支配型 AHP を用いることにより，人間の微妙な心理をとら

12.8 AHP による感性評価の課題

　AHP における一対比較の評価には、「人間の複数の主観判断は心理的均衡状態で安定する」という想定の均衡モデルと「人間の心理量は物理量の対数に比例する」という想定の誤差モデルがある．均衡モデルは固有ベクトル法と呼ばれ、一対比較行列の最大固有値に対する固有ベクトルの成分の合計が1になるように基準化した値が評価値となり、誤差モデルは対数最小二乗法と呼ばれ、一対比較行列の各行の幾何平均が評価値となる．一方、AHP の学問としてのパラダイムとして、「人はどのように意思決定を行うべきか」という規範モデルと「人はどのように意思決定しているか」という記述モデルがあり、規範モデルとしては固有ベクトル法、記述モデルとしては対数最小二乗法を用いる [11]．感性工学に AHP を適用する場合には、「人はどのように感じているか」を問題とするので、記述モデルとしての対数最小二乗法を用いるべきである．対数最小二乗法を用いる AHP の誤差モデルにおいては、前述したように「人間の心理量は物理量の対数に比例する」と想定されており、これは感性工学の思想的な起源とも考えられる 1860 年にフェヒナーが著書の中で提唱し、現在では心理物理学と呼ばれている精神物理学におけるフェヒナーの対数法則と相通じるものがある．

　AHP において、得られる評価値に単位がないことは AHP の欠点と言われている．AHP を感性評価に用いる場合、多くの評価対象の比較が可能となるような何らかの基準と単位のある尺度構成をすることが望ましい．そのためのアプローチとして、誤差モデルにおいて、一対比較値に従来型 AHP のような 9、7、5、3、1、1/3、1/5、1/7、1/9 という比率尺度の代わりに評価値の合計が 0 になるような間隔尺度で与えると、評価値は各行の算術平均となることに着目して、一対比較値として何らかの有効な間隔尺度を与えることにより、明確な基準と単位のある尺度構成が可能になる．AHP を感性工学の有用な手法として用いるためには、このような尺度構成の検討も必要である [6,7]．

12.9 おわりに

　本章では，食産業におけるサービスの生産性向上につながることを目的に，消費者が食に関する商品に対しどのようなイメージをもち評価するかを理解するための方法，また，食に関する商品を提供する企業が消費者の感性に合うような商品を提供するのに役立つ方法として AHP に着目し，食についての問題の構造を示す階層図を構築するために，人間の食行動に関する考察を行い，階層図における評価基準を簡便，健康，本格とした AHP の適用による食に対する感性評価について述べた．AHP の適用については，サーティが提案した従来型 AHP よりも人間の側に立ち，人間の感性をより詳細に分析し，より鮮明に感性を表し評価することが可能な支配型 AHP について述べ，従来型 AHP と支配型 AHP の実行例を示し，その結果について考察した．食についての感性は特に個人差が大きいので，人間の側に立った評価手法の支配型 AHP の適用は有効と考えられる．

　感性の分析・評価において，「人間の側に立つ」ということは感性工学の前提であり，感性に取り組む上で最も基本的で重要である．今後，AHP において人間の側に立つことを目的の 1 つとして開発された支配型 AHP を感性工学や消費者へのサービス向上に役立てるための様々な検討が行われることを期待するものである．

第13章 支配型AHPによる行政サービスの定量的評価

13.1 はじめに

　財政状況が逼迫する中，自治体は自己決定と自己責任の原則に立った成果主義の行政運営が求められている．行政運営の効率化を図る上で，行政の諸活動に関する適切な評価と，評価結果を基にした公共の改革が不可欠である．1990年代後半からの自治体における一種の評価ブームの中で，さまざまな評価手法が提案され，実行されてきた．また，行政サービスの持続可能性を念頭に置いた，補完性の原理に基づく公共再編に関する議論も行われている．しかし，評価の手法面における客観性担保の問題や，運用面における行政職員の負担の問題など，行政評価が抱える課題は多い．また，評価結果を受けた公共部門の再編に関しても，権限移譲のための合理的根拠や環境の整備が十分であるとは言い難い．本章では，これらの問題の解決を目的とした支配型AHPを活用した行政サービスの定量的評価と，その結果を応用した公共再編のフレームワークについて述べる．

13.2 行政サービスの定量的評価が求められる背景

　日本における財政の悪化は，1990年代前半のバブル崩壊後加速し，現在に至っている．政府の債務残高は，2000年からの10年間だけをみても522兆円（対GDP比，135.4%）から919兆円（同，199.2%）と増加し，先進7か国と比較して突出して悪い状況[1]にある．このような危機的な財政状況の下，行政運

---

[1] 対GDP比（2010年）；アメリカ：89.6%，イギリス82.3%，ドイツ：80.9%，フランス：93.8%，イタリア：132.0%，カナダ：81.7%．

営の効率化とその適切な評価が，政府や自治体にはこれまで以上に求められている．2002年の政策評価法施行後，全ての行政機関は，自らの政策を評価し，その結果を施策に反映・公表することによって，効率的な行政活動の推進と国民へのアカウンタビリティの確保を義務付けられることとなった．この法律の成立により，政策目標の達成度に対する評価が政策実現のための手段である事務事業に影響を及ぼし，その結果として，事業の改廃や外部化などへと進展している事例も散見される[2]．しかし，多くの自治体では評価のための評価に終始していると言わざるを得ない状況にあり，行政評価が有効に機能しているとは言い難い．

本章で取り上げる行政サービスの評価は，予め設定された一定の基準に対する行政の諸活動の適正性と達成度に関する一連の評価から構成される．したがって，評価手法を設計する際には，適切な測定指標の選択が重要となる．何を，どのように評価するのかを明確にしておかなければ，評価手法に振り回され，初期の目的が達成できないばかりか，評価に対するネガティブな印象のみが残る恐れがあるからである．

評価において測定される指標には，インプットやアウトプットなどの活動指標と，住民満足度や職員満足度などの成果指標がある．一般に，前者は定量的な測定が容易で，後者はそれが困難なことが多いが，成果志向の行政運営に対する時代の要請から，評価においては成果指標の測定が従前に増して求められている．しかし，事業内容によっては，成果の測定を主観的な判断に頼らざるを得ないケースが少なくない．また，評価における業績指標や目標値の設定に際して，意図的にそれらの値を高め，あるいは低めに設定するなどの恣意性の存在も指摘されている．したがって評価手法には，評価者の主観の存在と評価における客観性の担保という，相反する要求を同時に満たす機能が求められる．

階層化分析法（以下，単にAHP）[6]は，意思決定主体の主観的な判断を入力とし，判断基準や選択肢に対する重要度を出力とする．そのため，評価のプロセスに対してAHPを適用することによって，定量的な測定が困難な対象を評価の俎上に載せることが可能となる．また，AHPでは，評価における情報は一対比較という相対評価の視点に立った入力がなされる．したがって，評価の対象を相対的に取り扱うことによって，限られた人的，物的，経済的資源の最適配分という意味で現実的な判断材料となる評価結果を導出することも期待で

きる．ここで取り上げる行政サービスの定量的評価手法は，AHPを活用することにより，評価者の主観的な判断を評価結果に反映させると同時に，評価の客観性を向上させることを目標としたものである．

13.3 行政サービスの定量的評価

　本節では，行政サービスの定量的評価の進め方について述べる．具体的には，さまざまな行政活動と，それらを実施する「行政」を含めた代替的なアクターとの適合度を測る手法について述べ，得られた結果が示唆する内容について整理する．

　自治体における行政運営の体系は，一般的に行政展開の基本理念を頂点とし，以下，政策，施策，事業が階層をなす構造となっている．いずれの隣接する階層どうしも，上位に位置する階層の項目が目標，下位に位置する階層の項目がその実現手段と位置づけられている．本章では，この階層構造における基本事業を定量評価の対象とした．その根拠は，自治体における基本事業が，行政サービスとして住民にとって認識可能な具体性をもった内容である一方で，基本事業の下位に位置する事務事業ほどには細分化されておらず，定量評価の対象として適切な質と量から構成されるサービスだからである．

　従来，行政サービスの評価は，先進的な自治体による事務事業評価などの限られた事例を除いて，定性的な内容を中心として構成されていた．これらの定性的評価においては，ベンチマークとして機能する明確な指標が設定されていたとは言い難く，客観的な指標と定量的な評価に対する要請を十分には満たしていなかった．そこで筆者は，以下に述べるような支配型AHP[5]を活用した行政サービスの定量的評価手法を提案している[7]．

　この評価手法は，自治体が実施する事業と自治体に代わる潜在的なアクターを，公共性を規定する7つの性質[2]を基にして定量的に評価するものである．まず，ある自治体のすべての基本事業を，存続，および外部化を含む改廃を念頭に置いた評価対象とし，現在事業を実施している自治体の代替的なアクターと

---

[2] 行政職員に対する聞き取り調査を基に集約した[4]．

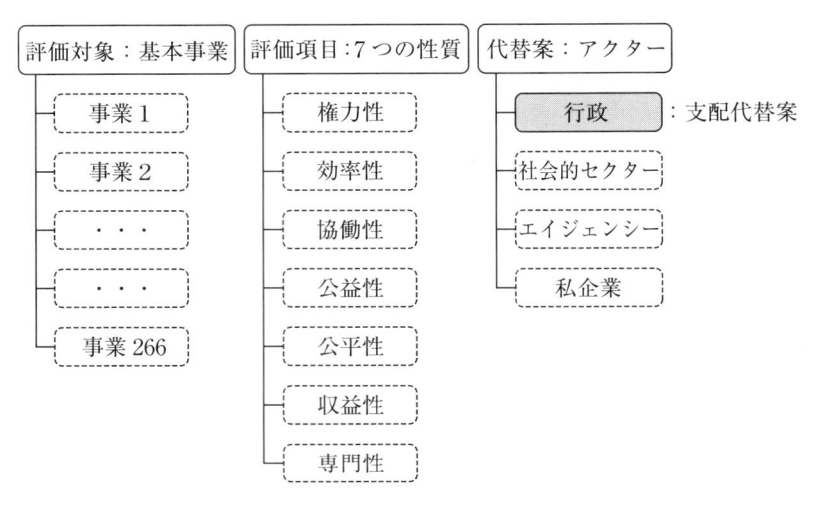

図 13.1 支配型 AHP を活用した評価の枠組み

して「行政」[3]ほか,「社会的セクター」[4]「エイジェンシー」[5]「私企業」[6]を想定する.その上で,事業の特徴とこれらアクターの特性を,支配型 AHP を用いることによって数値化し,両者の適合度として定量的に評価する.図 13.1 は,評価の枠組みを図示したものであり,後に述べる支配型 AHP の活用においては,「行政」を支配代替案とした.

公共性を規定する 7 つの性質
(1) **権力性**:強制力を持った決定と社会的規範の維持を行うこと.
(2) **効率性**:仕事のはかどり具合,能率.
(3) **協働性**:違う立場の者が対等な関係の下で協力すること.
(4) **公益性**:社会一般における利益.公共の利益.
(5) **公平性**:偏ることなく全てを同等に取り扱うこと.
(6) **収益性**:利益を得ること.またそれを目的とすること.
(7) **専門性**:特定の方面について専ら研究したり従事したりすること.

---
[3] 広義の自治体.
[4] NGO や NPO などのネットワーク型セクター.
[5] 独立行政法人などの政策実施に特化した法人 [1].
[6] 一般的な民間企業.

13.3 行政サービスの定量的評価

表 13.1 評価ベクトル

事業	権力性	効率性	協働性	公益性	公平性	収益性	専門性
1	0.047	0.035	0.254	0.146	0.456	0.035	0.027
2	0.033	0.179	0.436	0.083	0.136	0.056	0.076
3	0.106	0.041	0.092	0.206	0.279	0.032	0.244
⋮							
266	0.404	0.245	0.033	0.105	0.042	0.130	0.041
平均	0.082	0.117	0.188	0.232	0.137	0.065	0.179

Step 1：事業評価

本ステップでは，ある自治体が実施しているすべて (266) の基本事業の特徴を，上記の 7 つの性質から評価する．この評価は，数名の行政職員が単独で行うもので，評価にあたっては支配型 AHP を用いる．現在の事業の実施主体である「行政」を支配代替案とし，他のアクターと比較して「行政」が最も強く帯びている性質である「権力性」をベンチマークとして，評価者は，各事業が「権力性」ほか，7 つの性質をどの程度帯びたものであるかを相対的に評価することにより，266 の一対比較行列を構成する．

評価結果は，事業ごとに評価ベクトル $e^i = \{$性質 j の重要度$\}$，（i=1, …, 266；j= 権力性, 効率性, 協働性, 公益性, 公平性, 収益性, 専門性）として数値化され，各事業の特徴を表す 266 の評価ベクトル e_i が得られる．**表 13.1** は，評価ベクトルの一覧からの抜粋である．詳細については割愛するが，表の最下段に示したとおり，266 の基本事業の平均的な特徴としては，「公益性」と「協働性」の重要性が高く，「収益性」と「権力性」の重要性が低く評価されていることがわかる．

Step 2：アクター評価

本ステップでは，事業を実施する 4 つの代替的なアクターの特性を，Step 1 の事業評価を行った際に用いたものと同じ 7 つの性質から評価する．この評価は，Step 1 の評価を行った行政職員が単独で行った上で，評価者個別の「権力性」を含む 7 つの性質に対する評価値を事後的に集約することで総合的な評価値としている．評価者は，「行政」ほか，4 つのアクターが各性質をどの程度帯

表13.2 特性行列

アクター	権力性	効率性	協働性	公益性	公平性	収益性	専門性
行政	0.663	0.062	0.072	0.668	0.644	0.036	0.152
社会的セクター	0.087	0.098	0.602	0.125	0.101	0.192	0.046
エイジェンシー	0.196	0.201	0.246	0.152	0.197	0.072	0.383
私企業	0.054	0.638	0.079	0.055	0.058	0.700	0.420

びているかを相対的に評価し，各評価者の一対比較値の幾何平均を求めることにより，1つの一対比較行列を構成する．

評価結果は，性質ごとに特性ベクトル c_j ={アクターkの重要度}，(j=権力性，効率性，協働性，公益性，公平性，収益性，専門性；k=行政，社会的セクター，エイジェンシー，私企業）として数値化され，各アクターの特性を表す1つの特性行列 $C = (c_j^T)$ が得られる．**表13.2**は，特性行列 C を示したものであり，各アクターはそれぞれ特徴的な性質を持っていることが示されている．例えば「行政」は，「権力性」「公益性」「公平性」などの性質を強く帯び，「効率性」「協働性」「収益性」などの性質をほとんど帯びていないアクターであると評価されていることがわかる．

Step 3：総合評価

本ステップでは，Step 1 と Step 2 の結果を組み合わせることにより，事業と代替的なアクターの適合度を評価する．この適合度は，すべての事業 i（i=1，…, 266）に対して算出されるもので，事業評価とアクター評価の加重平均，すなわち Step 1 で得られた評価ベクトル e_i と，Step 2 で得られた特性行列 C との積 $C \cdot e_i^T$ として求められる．

評価結果は，事業ごとに各アクターが実施するに相応しい程度として定量的に表される．**表13.3**は，各アクターが実施すべき事業として評価された，適合度が最も高い事業の数をまとめたものである．表から明らかなように，現在，行政が実施している 266 の基本事業の内，約 3 分の 2 に相当する 93 の事業を「社会的セクター」などの代替的なアクターに外部化できることを示している．

これまでに述べてきた評価手法の妥当性を検証するために，評価実施後，行

表 13.3 総合評価

行政	社会的セクター	エイジェンシー	私企業
173	38	11	44
65.0%	14.3%	4.1%	16.5%

表 13.4 評価結果に納得できる程度

Step	妥当である かなり	妥当である ある程度	どちらとも言えない	妥当ではない ある程度	妥当ではない 全く	わからない
1	47.1%	23.5%	17.6%	11.8%	0.0%	0.0%
2	41.2%	29.4%	17.6%	5.9%	5.9%	0.0%
3	41.2%	35.3%	11.8%	5.9%	0.0%	5.9%

政関係者に対してアンケートを行い，各 Step の結果を，どのように捉えるかについて尋ねた．表 13.4 は，結果を妥当と思う程度をまとめたものである．表から明らかなように，70%を超える評価者が，結果を妥当である，あるいはある程度妥当であると回答している．すなわち，Step 1 から 3 に至る一連の評価結果は概ね肯定的に捉えられており，行政サービスの評価として本手法が有効に機能し，また得られた結果は，公共再編の必要性に一定の根拠を与えると考えられていることがわかる．

本節では，支配型 AHP を活用した行政サービスの定量的評価手法について述べてきた．従来型の AHP とは異なり，判断基準の重要度と代替案の評価は，ある特定の代替案を基準として初めて実行可能である，とする点に支配型 AHP の特徴がある．ここで述べた行政サービスの評価は，評価の対象が自治体の基本事業であり，また評価者も行政職員であることに鑑みると，代替案として挙げた 4 つのアクターの内「行政」を基準，すなわち支配代替案とすることは自然なことと考えられる．また「行政」が強く帯びる「権力性」という性質が，評価の際のベンチマークとなる点についても同様であり，一般の行政評価に対する支配型 AHP の活用も，きわめて妥当であると考えられる．

13.4 行政サービスの定量的評価の応用—公共再編のフレームワーク

本節では，前節までの結果を基にして，公共再編のあるべき姿について考察

する．具体的には，基本事業の評価ベクトルに関する主成分分析を行い，事業の特徴を規定する新たな概念を抽出することによって，公共のあり方を新たな座標軸の下に位置づける．さらには，得られた結果を新しい公共のあり方に関する理論研究の結果と比較することにより，両者の整合性について考察する．

13.4.1 主成分分析

本項では，前節の Step 1 で得られた基本事業に関する評価ベクトルに対して主成分分析を行い，事業の特徴を規定する新たな概念を抽出する．この分析においては，評価ベクトル e_i(i=1, ..., 266) を算出する際に用いた，最大固有値に対応する固有ベクトルを用いる．**表 13.5** は主成分分析の結果をまとめたものである．第 1 主成分から第 4 主成分までの分散の累積が全体の 77.6％を占めていることから，本項では，これら 4 つの成分 C_m(m=1, ..., 4) を以降の分析には用いる．**表 13.6** は成分行列を示したものであり，各主成分は，次に示すような固有の特徴をもっている．

- C_1 →効率性・収益性：＋，権力性・公平性：±0
- C_2 →権力性：＋＋，協働性：−−
- C_3 →公益性：−
- C_4 →公平性：＋＋，権力性・効率性・公益性：±0，専門性：−

これらの特徴を基に，本項では，各主成分を次のように定義[7]する．
C_1：市場関与性，C_2：規制可能性，C_3：参入可能性，C_4：開放性

図 13.2 は，266 のすべての基本事業を C_1C_2 平面上にプロットしたものである．前節の結果得られた適合度が，「行政」が最も高かった事業を○，「社会的セクター」が最も高かった事業を△，「エイジェンシー」が最も高かった事業を◇，「私企業」が最も高かった事業を□で，それぞれ表している．また，「権力性」ほか，7 つの性質も同じ平面上にプロットしている．これらの事業，および 7 つの性質の分布から，現在は行政が実施しているさまざまな事業の最適実施アクターの位置付けが浮かび上がってくる．

図 13.2 中の太線は，その領域内に分布する事業を各アクターが実施するこ

---

[7] [4] による．

表 13.5 主成分分析結果

成分	初期の固有値 合計	分散 (%)	累積 (%)	抽出後の負荷量平方和 合計	分散 (%)	累積 (%)
1	1.7466	24.9511	24.9511	1.7466	24.9511	24.9511
2	1.4867	21.2390	46.1901	1.4867	21.2390	46.1901
3	1.1178	15.9684	62.1584	1.1178	15.9684	62.1584
4	1.0780	15.3997	77.5582	1.0780	15.3997	77.5582
5	0.7611	10.8733	88.4315			
6	0.6806	9.7222	98.1537			
7	0.1292	1.8463	100.0000			

表 13.6 成分行列

成分	権力性	効率性	協働性	公益性	公平性	収益性	専門性
C_1	0.0082	0.6570	−0.5268	−0.5339	0.0817	0.6430	0.5764
C_2	0.7158	−0.1798	−0.7394	0.4376	0.3336	−0.2566	0.1633
C_3	0.2286	−0.3573	0.2958	−0.6674	0.4955	−0.2733	0.2909
C_4	−0.0594	0.2415	−0.0215	−0.0070	0.7225	0.2329	−0.6628

とが望ましいとする領域を示している．「行政」の領域は，市場関与性が概ね低く，規制可能性が概ね高い領域に位置し，「権力性」と「公益性」などの性質に特徴付けられている．「社会的セクター」の領域は，市場関与性が概ね低く，規制可能性が低い領域に位置し，「協働性」に特徴付けられている．「エイジェンシー」の領域は，規制可能性が概ね高い領域に位置し，「公平性」に特徴付けられている．「私企業」の領域は，市場関与性が高く，規制可能性が概ね低い領域に位置し，「効率性」と「収益性」などの性質に特徴付けられている．これらの領域の分布は，事業の特徴と公共性を規定する性質から導かれたものであることから，公共の新たなあり方を示すものであり，公共再編の方向性を示唆するものと解釈することができる．

本項では，紙幅の都合上，$C_1 C_3$-平面ほかの座標平面上での分析は割愛するが，いずれの分析結果も，上で述べた内容を支持するものであることを付言しておく．

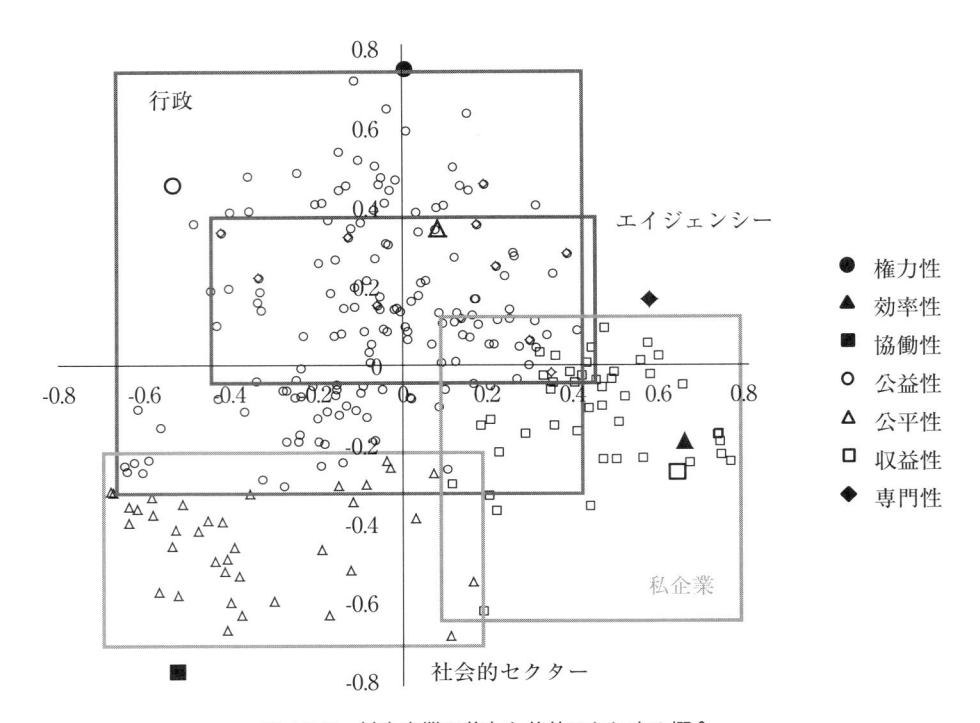

図 13.2 基本事業の分布と公共のあり方の概念

13.4.2 理論的公共再編論との比較・検証

2002（平成 14）年度の福井・岐阜・三重・滋賀四県共同政策研究グループは，新しい公共のあり方に関する理論的研究を行っている［3］．この研究は，「行政」を"権力的作用を持つ行為と，規制力を背景として合理的かつ有効に処理される事務・業務を執行するだけの主体"と定義した上で，「官・民」からなる二元的な社会構造の再編に関する理論的な考察を行っている．その結果，行政の事務・業務の純化と行政組織の極小化を図ることによって公共事務の社会的最適配分を実現し，「公・共・私」からなる三元的な社会構造を目指すことが望ましいと結論付けている．

図 13.3[8]は，行政，エイジェンシー，ネットワーク型セクター，第 3 セクター，

[8) ［4］の概念図を基に作成した．

13.4 行政サービスの定量的評価の応用——公共再編のフレームワーク　　191

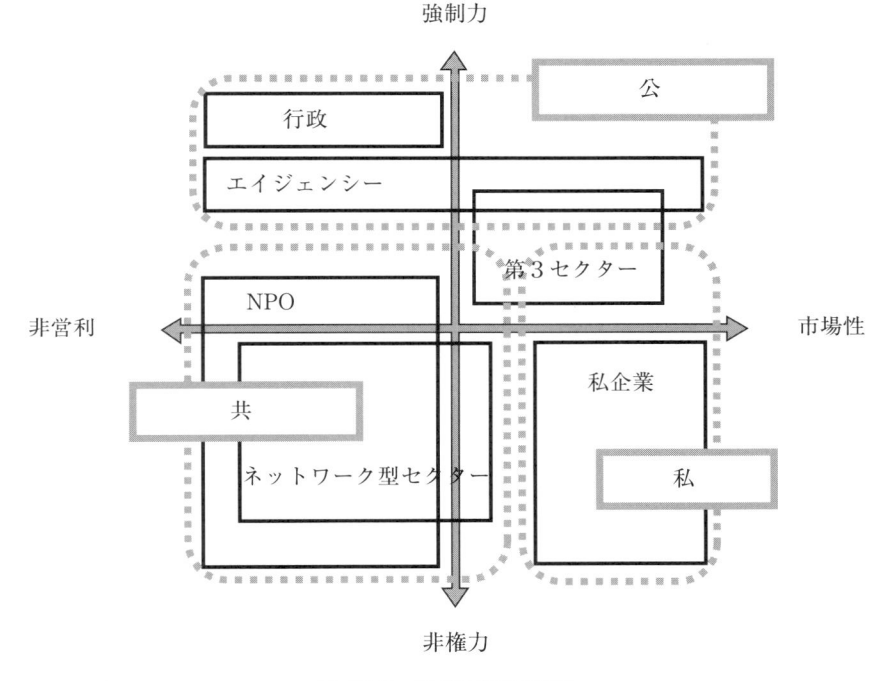

図 13.3　公共再編の枠組み

私企業などの各アクターが執行すべき事業・業務の分布を，市場性と権力性からなる座標平面上にプロットしたものである．社会の潜在的なアクターに権限を委譲することにより実現すべき，公共再編後の三次元的社会構造を示している．

各象限の特徴，および各領域に分布する事業・業務を執行するにふさわしいとされるアクターは次のとおりである．

- 第1象限：市場性＜高＞，権力性＜高＞；第3セクター，エイジェンシー
- 第2象限：市場性＜低＞，権力性＜高＞；行政，エイジェンシー
- 第3象限：市場性＜低＞，権力性＜低＞；ネットワーク型セクター，NPO
- 第4象限：市場性＜高＞，権力性＜低＞；私企業

図 13.2 と図 13.3 を比較すると，両者が似通った公共再編のフレームワークを示唆していることがわかる．まず，座標軸に関しては，横軸は市場関与性の

強弱と市場性の有無，縦軸は規制可能性の強弱と権力性の有無を表しており，それぞれが互いに類似した概念を意味している．また，4つの代替的セクターの位置付けも，図から明らかなようにそれぞれの座標平面上においてほぼ同様である．すなわち，いずれの図も，これからの社会が目指すべき公共のあり方が，「公・共・私」からなる三次元的な構造であることを示している．

図 13.2 は，自治体の基本事業の特徴から，図 13.3 は，自治体の事業・業務の執行に関する社会の潜在的なアクターの特性から，それぞれ示唆される公共再編の方向性をまとめたものである．両者は，公共のあり方を評価，模索する際に異なったアプローチをとっているが，それらが示唆するところはいずれも公共再編のフレームワークであり，これらの整合性は高い．すなわち，筆者が行った行政サービスの定量的評価の結果が，2002（平成 14）年度の福井・岐阜・三重・滋賀四県共同政策研究グループが行った新しい公共のあり方に関する理論的研究の結果を実証的に裏付けるものとなっている．

13.5 おわりに

本章では，支配型 AHP を活用した行政サービスの定量的評価と，その評価結果を活用した公共再編のフレームワークについて述べてきた．

行政サービスの定量的評価においては，評価対象である自治体の事業の特徴を評価ベクトルとして，また，事業の実施に関わる代替的なセクターの特性を特性行列として，支配型 AHP を活用することによってそれぞれ数値化した．評価は現職の自治体職員が行ったものであり，行政関係者としてのバイアスの存在も考えられるが，評価手法としての妥当性に関しては概ね良好な評価を得ている．すなわち，ここで述べた評価手法は，評価結果の客観性の担保とアカウンタビリティの向上という，従来の行政評価が抱える問題の解決に寄与するものと考える．

また，公共再編のフレームワークに関する分析においては，行政サービスの評価から得られた情報を基に多変量解析を行うことによって公共性を規定する新たな概念を抽出し，その概念の下に自治体の事業を位置づけることによって行政の諸活動のあり方を評価した．この分析から示唆される公共再編の方向性は，新しい公共のあり方に関する先行研究の結果と符合するものであった．す

なわち，理論研究から演繹される結果を，事例研究から帰納される結果が実証的に裏付ける結果となっている．

　今後は，評価結果の活用や公共再編の推進が課題となる．一連の評価・分析の後に行った自治体職員に対する聞き取り調査では，評価の進め方や公共のあるべき姿については合理的なものであるとする一方で，評価結果の予算への反映や権限移譲には障壁があるとする指摘が多かった．事実，政府や多くの自治体が財政危機に陥る中，行政サービスの社会的最適配分は遅々として進んでいないのが現状である．公共のあるべき姿を目指すにあたり，これらの既得権益や組織防衛にどのように対応し，再編を進めていくのかに関しては，今後の検討課題としたい．

参考文献

第1章
[1] 木下栄蔵：経済学はなぜ間違え続けるのか，徳間書店，2009年．
[2] Kinoshita, Eizo. "A Proposal of Primal and Dual Problems in Macro-Economics",China-USA Business Review, Vol.10, No.2, 115-124, 2011.
[3] Kinoshita, Eizo. "Why Bubble Economy Occurs and Crashes",Chinese Business Review, Vol.10, No2, 111-120, 2011.
[4] 木下栄蔵：東日本大震災の復興対策が日本を救う，人間会議，2011年夏号．

第2章
[1] 木下栄蔵著：事例から学ぶサービスサイエンス，近代科学社，2009年．
[2] 亀岡秋男他著：サービスサイエンス，エヌティエス，2007年．
[3] 木下栄蔵著：経済学はなぜ間違え続けるのか，徳間書店，2009年．

第3章
[1] 名和小太郎：イノベーション――悪意なき嘘，岩波書店，2007年．
[2] 日置弘一郎：市場（いちば）の逆襲，大修館，2002年．
[3] 伊藤 衛：アパレルメーカーの経営戦略の変遷，京都大学博士学位請求論文，2011年．

第4章
[1] 岡田幸彦：サービス原価企画への役割期待，會計，第177巻第1号，pp.63-78，2010年．
[2] James A. Fitzsimmons and Mona J. Fitzsimmons, *Service Management: Operations, Strategy, Information Technology*, Sixth edition, McGraw-Hill, 2008.（第11，12章）
[3] Christopher Lovelock and Jochen Wirtz, *Services Marketing: People, Tech-*

nology, *Strategy*, Seventh edition, Prentice-Hall, 2011.（第 6，9 章）

[4] B. V. Gnedenko and I. N. Kovalenko, *Introduction to Queueing Theory*, Israel Program for Scientific Translations, Jerusalem, 1968.

[5] 藤木正也・雁部頴一：通信トラヒック理論，丸善，1980 年．

[6] 高橋敬隆・山本尚生・吉野秀明・戸田彰：わかりやすい待ち行列システム―理論と実践―，電子情報通信学会，2003 年．

[7] S. Halfin and W. Whitt, Heavy-traffic limits for queues with many exponential servers, *Operations Research*, Vol.29, No.3, pp.567-588, May-June 1981.

[8] O. A. Garnett, A. Mandelbaum, and M. Reiman, Designing a call center with impatient customers, *Manufacturing and Service Operations Management*, Vol.4, No.3, pp.208-227, Summer 2002.

[9] David H. Maister, The psychology of waiting, *The Service Encounter*, edited by J. A.Czepiel, M. R. Solomon and C. F. Suprenant, pp.113-123, D. C. Heath & Company, 1985.

[10] R. C. Larson, Perspectives on queues: social justice and the psychology of queuing, *Operations Research*, Vol.35, No.6, pp.895-905, November-December 1987.

[11] M. Gibbons 著・小林信一 訳：現代社会と知の創造，丸善，1997 年．

[12] 吉川弘之・内藤耕：「産業科学技術」の哲学，東京大学出版会，2005 年．

第 6 章

[1] 菱沼千明：新版 コールセンターのすべて，リックテレコム，2006 年．

[2] A. Mandelbaum and S. Zeltyn, "Service engineering in action: The Palm/Erlang—A queue, with applications to call centers," Advances in Service Innovations, Springer, pp.17-45, 2007.

[3] B. Cleveland, Call Center Management on Fast Forward: Succeeding in Today's Dynamic Customer Contact Environment, ICMI Press, 2006.

[4] 月刊コンピュータテレフォニー編集部：コールセンター白書 2009，（株）リックテレコム，2010 年．

[5] 秋丸春夫・川島幸之助：情報通信トラヒック―基礎と応用―，オーム社，1981 年．

[6] H. Takagi and C. Hishinuma, "Modeling call centers with impatient customers," 4th Korea-Japan Workshop on Operations Research in Service Science, October 15, 2009, Sendai, Japan.

[7] 木下栄蔵：事例から学ぶサービスサイエンス，近代科学社，2009 年．

第 7 章
[1] 木下栄蔵：事例から学ぶサービスサイエンス，近代科学社，2009 年．
[2] 池尾和人・池田信夫：なぜ世界は不況に陥ったのか，日経 BP 社，2009 年．
[3] Dawkins, R. 1976, *The Selfish Gene*, Oxford University Press.
[4] Blackmore, S.1999. *The Meme Machine*, Oxford University Press, New York.
[5] Stiglitz, J. 2004. *The Roaring Nineties - Why We're Paying the Price for the Greediest Decade in History*, Penguin Books.
[6] 河田 信 編著：トヨタ 原点回帰の管理会計，中央経済社，2009 年．
[7] Spear, S. and Bowen, H, 1999, Decoding DNA of the Toyota Production System, *Harvard Business Review (September-October)*. pp. 97-106.
[8] 中谷 巌：入門マクロ経済学，日本評論社，1981 年．
[9] 李耳・庄子：老子・庄子，北京出版社，2006 年．
[10] 山田善教：場所の論理による事業改革——イノベーションの西田哲学の応用，白桃書房，p.65，2005 年．
[11] 司馬遼太郎：文藝春秋，p.77，1988 年 8 月号．
[12] 並木美喜雄：量子力学入門，岩波新書，1992 年．

第 8 章
[1] 久保田博南：医療機器の歴史（最先端技術のルーツを探る），真興交易医書（株）出版部，2003 年．
[2] 最高裁判所医療関係訴訟委員会：医事関係訴訟事件の処理状況及び平均審理期間，2010 年．
[3] 医療事故調査会：10 周年記念シンポジウム・医療事故調査会報告資料集，2005 年．
[4] 厚生労働省医療安全対策検討会議：医療安全推進総合対策「医療事故を未然に防止するために」，2002 年．
[5] 厚生労働省保険局医療課：平成 22 年度診療報酬改定の概要（DPC 関連部分），2003 年．
[6] A. Donabedian, et al (1982)：Quality, Cost and Health：An Integrative Model, Medical Care, pp.579-592.
[7] Herzberg, F.et al (1959)：The Motivation to Work (2nd ed.). New York: John

Wiley & Sons.
 [8] WHO（2000）：「World Health Report 2000」, Health Systems,Improving Performance.
 [9] A. Parasuraman, et al（1985）：A Conceptual Model of Service Quality and Its Implications for Future Research, Journal of Marketing, Vol.49, pp.41-50.
[10] 日本ものづくり・人づくり質革新機構：医療の質保障のための ISO9001QMS の調査，2003 年．
[11] 健康保険組合連合会：「医療に関する国民意識調査」報告書，2007 年．
[12] 平成 13 年度医療施設経営安定化推進事業：「患者指向経営の取り組み状況と経営状況の関係性」（患者満足度調査を活用した経営改善手法の実践）．
[13] E.Codman（1916）：A Study in Hospital Efficiency. Boston, Mass., Privately printed.
[14] A. Donabedian（1966）：Evaluating the Quality of Medical Care, Milbank Mem Fund Q, 44(3), Suppl, pp.166-206.
[15] 厚生労働省：良質な医療を提供する体制の確立を図るための医療法等の一部を改正する法律（法律第 84 号），2007 年．
[16] 酒井順哉：特集これからの医療情報システムを考える「最近の医療情報システム」，病院設備，Vol.47，No.1，pp.9-18，2005 年．
[17] 酒井順哉：MDIC 標準テキスト「医療情報」，第 3 章 医療情報の特殊性と医療情報システム（6：医療情報イステムの変遷とその問題点），日本医療機器学会 MDIC 認定委員会編，pp.72-86，2010 年．
[18] 酒井順哉：医療用具の事故防止のために取り組むべき課題，月刊薬事，42(12)，pp.3053-3060，2000 年．
[19] 酒井順哉：電子カルテ白書,「物流管理と電子カルテ」病院経営と医療安全に役立つ医療資材物流システム，月刊「新医療」，pp.32-36，2004 年．
[20] （財）医療情報システム開発センター：MDIS 標準マスター，2005 年．
[21] 厚生労働省医薬食品局：医療用医薬品へのバーコード表示の実施について（薬食安発第 0915001 号），2006 年．
[22] 厚生労働省医政局経済課：医療機器等への標準コード付与（バーコード表示）の実施について（医政経発第 0328001 号），2008 年．
[23] FDA（2010）：Unique Device Identifier System.
[24] GHTF（2010）：Unique Device Identification System for Medical Devices.

第 9 章

[1] 日経ビジネスオンライン 2008 年 7 月 2 日付記事．

第 10 章

[1] 木下栄蔵・中西昌武：AHP における新しい視点の提案，土木学会論文集，569/IV-36, pp.1-8, 1997.

[2] Kinoshita, E., Nakanishi, M.: Proposal of New AHP model in light of Dominant Relationship among Alternatives, *Journal of Operations Research Society of Japan*, pp.42, 2, 180-197, 1999.

[3] 木下栄蔵・中西昌武：支配代替案法における追加データの処理手法「一斉法」の提案，土木学会論文集 No.611/IV-42, pp.13-19, 1999.

[4] Kinoshita, E., K. Sekitani and J. Shi : "Mathematical Properties of Dominant AHP and Concurrent Convergence Method", *Journal of Operations Research Society of Japan*, Vol.45, No2, pp.198-213, 2002.

[5] 杉浦 伸・木下栄蔵：総合評価値一斉法の提案，土木計画学研究・論文集，vol.21, pp.33-44, 2004.

[6] 杉浦 伸・木下栄蔵：総合評価値一斉法の提案，土木計画学研究・論文集，vol.22, pp.39-46, 2005.

[7] 杉浦 伸・木下栄蔵：評価値一斉法を適用した集団面接評価，都市情報学研究，No.12, pp.73-78, 2007.

第 11 章

[1] T. L. Saaty: "The Analytic Hierarchy Process." McGraw-Hill, New York, NY, 1980.

[2] 木下栄蔵・大屋隆生：戦略的意思決定手法 AHP，シリーズ オペレーションズ・リサーチ 1，朝倉書店，2007 年．

[3] 木下栄蔵・大屋隆生 編著：企業・行政のための AHP 事例集——意思決定支援ツールの上手な活用法，日科技連出版社，2007 年．

[4] E. Kinoshita and M. Nakanishi: "Proposal of new AHP model in light of dominative relationship among alternatives." Journal of the Operations Research Society of Japan, 42(1999), pp.180-198.

[5] E. Kinoshita, K. Sekitani and J. Shi, : "Mathematical process of dominant

AHP and concurrent convergence method." Journal of the Operations Research Society of Japan, 45(2002), pp.198-213.
[6] T．Ohya and E. Kinoshita，: "The Geometric Mean Concurrent Convergence Method." ISAHP2009, 45, 2009.
[7] P. T. Harker: "Incomplete pairwise comparisons in the Analytic Hierarchy Process." Mathematical Modeling, 9 (1987), pp.837-848.

第 12 章

[1] T. L. Saaty: A Scaling Method for Priorities in Hierarchical Structures, Journal of Mathematical Psychology, 15, pp.234-281, 1977.
[2] T. L. Saaty: The Analytic Hierarchy Process, McGraw-Hill, 1980.
[3] 長沢伸也：感性工学とビジネス，日本感性工学会感性商品研究部会長長沢伸也編「感性をめぐる商品開発」所収，第 1 部 1 章，pp.3-23，日本出版サービス，2002 年．
[4] 長町三生 編，石原茂和・西野達男・松原行宏・土屋敏夫・神田太樹・井上勝雄：商品開発と感性，pp.132-144，海文堂，2005 年．
[5] 神田太樹 著，木下栄蔵・大屋隆生 共編：マーケティング戦略に役立つ食品嗜好調査,「企業・行政のための AHP 事例集」所収，事例 14，日科技連，pp.291-311，2007 年．
[6] 神田太樹・立井博子・植田美佳：AHP は感性工学の有用な道具なり得るか？—感性評価手法としての AHP に関する考察—，日本感性工学学会誌「感性工学」，8，1，pp.31-36，2008 年．
[7] 神田太樹：AHP の感性工学的モデル化へのアプローチ，長沢伸也，神田太樹共編「数理的感性工学の基礎」所収，第 7 章，pp.127-145，海文堂，2007 年．
[8] 木下栄蔵・中西昌武：AHPにおける新しい視点の提案, 土木学会論文集, 569/IV-36, pp.1-8, 1997 年．
[9] E. Kinoshita, M. Nakanishi: Proposal of New AHP model in light of Dominant Relationship among Alternatives, Journal of Operations Research Society of Japan, 42, 2, pp.180-197, 1999.
[10] 木下栄蔵・大屋隆生：戦略的意思決定法 AHP，朝倉書店，pp.84-103，2007 年．
[11] 木下栄蔵：よくわかる AHP，オーム社，2007 年．
[12] 神田太樹・杉浦 伸・木下栄蔵：食産業におけるサービスの生産性向上に向けた支配型 AHP による食嗜好評価，2010 年日本オペレーションズ・リサーチ学会

春季研究発表会アブストラクト集, pp.6-7, 2010 年.
- [13] V. Belton, T. Gear,: On a short-coming of Saaty's Method of Analytic Hierarchies, Omega, 11, 3, pp.228-230, 1982.
- [14] T. Kanda: Evaluation of Human Meal Preference Based upon Human Meal Feelings and Intentions, International Journal of Kansei Engineering, 4, 2, pp.9-18, 2004.

第 13 章

- [1] 君村 昌：現代の行政改革とエージェンシー，行政管理研究センター，1998 年.
- [2] 田中 啓：日本の自治体の行政評価，政策研究大学院大学 比較地方自治研究センター，2008 年.
- [3] 平成 14 年度 福井・岐阜・三重・滋賀四県共同研究報告書：公共私型社会における新たな地域マネジメントの展開について，2003 年.
- [4] 平成 15 年度 福井・岐阜・三重・滋賀四県共同研究報告書：地方独立行政法人の政策的展開について，2004 年.
- [5] Kinoshita E, Nakanishi M (1999). Proposal of New AHP Model in Light of Dominant Relationship among Alternatives. Journal of Operations Research Society of Japan 42(2), pp.11-19.
- [6] Saaty TL (1980)., The Analytic Hierarchy Process., McGraw-Hill, New York.
- [7] Sato Y (2007)., Administrative Evaluation and Public Sector Reform, An Analytic Hierarchy Process Approach., International Transaction in Operational Research, 14(5), pp.445-453.

索　引

あ行

アーラン C 式	82
IT 革命	i
IBM の Almaden 研究所	21
IBM の SSME	24
アクター評価	185
Agner Krarup Erlang	51
アダム・スミス	1, 92
アダム・スミスの分業論	94
アダム・スミスのレッセ・フェール	94
アナーキーな暴走	31
アローのジレンマ	21
安全確保のための組織体制	116
アンバンドリング	8, 29
イールド・マネジメント	48
育成購買	97
異質性	24
一次対応完了率	78
一斉法	9
医薬品・医療機器の種類	116
医薬品・医療機器のバーコード活用	116
医療機器規制国際整合化会議	118
医療機器固有識別システム	118
医療機器・設備の使いやすさの改善	116
医療機器等への標準コード付与の実施	118
医療技術上の結果	113
医療経済の質評価	113
医療サービス	9, 105
医療情報システム開発センター	117
医療に関する国民意識調査	110
医療の質とその評価	112
インシデントレポートによる再発防止対策	116
インターネット通信基盤	ii

Wirtz	58
失われた 20 年	i
エイジェンシー	184
AHP	11, 139, 167
AHP の世界	19
SSME	43
円滑な意志伝達の改善	116
オーバーブッキング	50
オペレーティング・システム	44
おもてなしの心	108
重み一斉法	9, 139

か行

Garnett の関数	56
回帰分析症候群	14
解析	47, 48
階層社会	22
科学技術基本計画	28
カスタマイズ	34
カスタマイズサービス	34
加速度	26
価値計測手法	9
価値創造レイヤー	85
活動レイヤー	85
過程評価	113
株主価値経営と短期利益思考	95
神の見えざる手	1, 92
亀岡	25
患者指向経営の取り組み状況と経営状況の関係性	110
患者の生活の質評価	113
患者満足度	108
患者満足度の評価要因	109

索引

患者満足度評価	113
患者リストバンド採用による患者誤認防止	116
完全情報化	12
勘と経験	43
簡便	176
管理会計	94
技術戦略マップ策定	67
技術戦略マップ 2008	68
技術用途レベル	71
規制緩和	13
基盤レイヤー	85
規模の経済	91
キャパシティ・プランニング	48, 54
QOL	67
旧型式資本主義	92
恐慌経済	i
行政	184
行政サービス	10, 181, 183
協働性	184
業務改善標準	66
行列ができるラーメン屋	46
距離	26
近代経済学	26
近代物理学	26
クライアント企業	41
クラウディングアウト	4
経済的交換	38
ケインズ	21
KPI	9
ゲーム理論	11
ゲーム理論の世界	19
結果オーライ	43
結果評価	113
限界消費性向	18
健康	176
健康保険組合連合会	110
権力性	184
公益性	184
交換理論	38
公共再編	10
公共再編のフレームワーク	187
合成の誤謬	20
厚生労働省医薬食品局	117
構造評価	113
応答率	78
公平性	184
効率性	184
効率と品質が釣り合う状況	57
効率優先システム	48
効率優先方式	56
コールセンター	9, 48
顧客の需要	46
国際研究所	121
国民理解の増進	68
呼損率	83
コトラー	24
コンピュータ・サイエンス	22
コンピュータネットワーク社会	22
コンフリクト	11

さ行

サービス・イノベーション	44, 61
サービス工学	43, 63
サービス工学研究センター	67
サービス工学分野	68
サービスサイエンス	i, 22
サービスサイエンスの測度	100
サービス産業横断政策	63
サービス産業横断的施策	71
サービス産業生産性協議会	64, 65
サービス産業のイノベーションと生産性に関する研究会	65
サービス時間	52
サービス・システム	44
サービス・システムの OS	44
サービス施設の空間的最適配置	60
サービスの IT 化	136
サービスの生産性の向上	175
サービスの生産性向上運動の推進	63
サービスレベル	76, 82
財政再建	13
財政出動	4, 20
サイロ経営	93
産学官における知の共有と総合力の結集	68
産業技術政策の研究開発管理ツール整備	68
産業技術総合研究所	67

索　引

CTI	76
GDP	16
私企業	184
事業評価	185
資産	26
自社の債務（借金）を最小	15
自社の利益（利潤）を最大	15
指数分布	57
指数分布サービス時間	51
支配型 AHP	9, 139, 167, 171
支配代替案	139
支配代替案法	151
自分の都合	92
資本主義の精神	20
事務事業評価	183
社会共通資本の整備	2
社会的合意形成	11
社会的セクター	184
社会的レベルでみた医療の質評価	113
収益性	80, 184
住民満足度	182
重要業績指標	75
重要性の尺度と定義	169
従来型資本主義	22
主成分分析	188
順位逆転問題	173
消費関数	17
情報公開	i
情報ハイウェイ	i
正味加工時間比率	99
消滅性	24, 39
職員満足度	182
食感性評価	10, 167, 172
所得	26
ジレンマ	11
新型資本主義	91
新経済成長戦略	63
震災税	3
震災復興	2
新資本主義	22
スケジューリング	45, 60
スターウェイの事例	132
ストックサービス	26
聖域なき構造改革	13
成果指標	182
生活の質	67
正規分布	55
制御	47, 48
生産性	80
製造技術の革新・カイゼン	43
成長率	26
性能評価	48
設計	47, 48
設計思想（アーキテクチャ）	44
設備投資	18
専門性	184
総合評価	186
総合評価値一斉法	9, 139
双発のエンジン	63
速度	26
組織的怠業と科学的管理法	94
ソフトウェア	30
ソリューションビジネス	41

た行

第 1 種基礎研究	61
対人サービス	35
第 2 種基礎研究	61
多重支配代替案法	151
脱規模の経済	93
縦統治	92
多品種少量生産	40
中小サービス評価診断システム	66
超一対比較行列	9, 151
通常経済	i
T-型フォード	33
定性的アプローチ	8
定量的アプローチ	8
定量的マネジメント	47
デフレスパイラル	18
等価的互酬交換	38
同時性	24, 39, 126
到着数（到着率）	52
到着する客が待つ確率	57

索引

とち亀物産の事例	128
トフラー	22
トヨタの生産方式	9
トヨタ方式（横連携）	95
トレードオフ	48
Tore Olaus Engset	51

な行

ニーチェ	22
日本の国際競争力の評価	121
日本版顧客満足度指数	66
ニューディール政策	7
ネットワーク社会	7, 22

は行

ハーカー法	151
ハードウェア	30
ハイ・サービス日本300選	65
ハザード関数	55
パラダイムシフト	i
バランスシート不況	14
バンドリング	29
バンドリング・サービス	31
汎用サービス	40
PDCAサイクル	116
東日本大震災	2
光ファイバー	i
非均質性	126
business analytics	60
非貯蔵性	126
非有形性	39
評価一斉法	139
評価値一斉法	9
標準化に基づく情報共有と問題分析	116
標準正規分布	55
標準手持ち	98
ビル・ゲイツ	21, 22
品質	80
品質優先システム	48
品質優先方式	56
フォード型医療生産	33
フォード方式（縦統治）	95
フォン・ノイマン	22, 44
不可逆性	126
不可分性	39
不均質性	39
福井・岐阜・三重・滋賀四県共同政策研究グループ	190
複数サーバ	51
輻輳	46
復興国債	3, 5
部分の総和イコール全体最適	93
不良債権処理	13
フローサービス	26
フロー変化率サービス	26
平均応答時間	78
平均待ち時間	83
ペティ＝クラークの法則	63
BeltonとGearの例	173
Poisson 到着	51
放棄呼率	76, 83
ホスピタリティ	35
本格	176

ま行

待ち合せ率	83
待ち行列	51
待ち行列理論	51
待ち時間の心理学：10の原理	58
待ち時間の数理	51
マックス・ウェーバー	1
マックス・ウエーバーの官僚制	94
マックス・ウエーバーの「プロテスタンティズムと資本主義の精神」	94
マミーズファミリーの事例	130
Mandelbaum	75
自らの効用	15
無形性	24, 126
モード1の知的生産	61
モード2の知的生産	61

モクモク手づくりファームの事例	134
モジュール化	34
問題記述型現況分析モデル	11

や行

有形財	38
有効需要の原理	16
ユニヴァーサル・サービス	31
横連携	92
予算統制	94

ら行

Loverock	58
ランキング	60
リーマンショック	21
利益ポテンシャル	100
レベニュー・マネジメント	49
ローイ	24

わ行

World Health Report 2000	109

編著者紹介

木下栄蔵（きのした　えいぞう）
- 1975 年　京都大学大学院工学研究科修士課程修了
　　　　　阪神電鉄㈱
- 1980 年　神戸市立工業高等専門学校講師
- 1983 年　同校助教授
- 1989 年　工学博士（京都大学）
- 1991 年　米国ピッツバーグ大学大学院ビジネススクール客員研究員
- 1992 年　神戸市立工業高等専門学校教授
- 1994 年　名城大学学部新設準備室教授
- 1995 年　名城大学都市情報学部教授
- 2004 年　文部科学省科学技術政策研究所客員研究官（兼務；～2007 年）
- 2005 年　名城大学都市情報学部長
　　　　　名城大学大学院都市情報学研究科長（兼務）
　　　　　現在に至る

主要著書

『わかりやすい数学モデルによる　多変量解析入門』（近代科学社）
『だれでもわかる建築数学の基礎』（近代科学社）
『マネジメントサイエンス入門』（近代科学社）
『事例から学ぶサービスサイエンス』（近代科学社）
『問題の解決と発見のための経営戦略論』（近代科学社）
『経済学はなぜ間違え続けるのか』（徳間書店）　その他多数

サービスサイエンスの理論と実践

ⓒ 2011 Eizo Kinoshita　　　Printed in Japan

2011 年 9 月 30 日　初 版 発 行
2015 年 2 月 28 日　初版第 2 刷発行

編著者　　木　下　栄　蔵
発行者　　小　山　　透
発行所　　㈱　近代科学社

〒162-0843　東京都新宿区市谷田町 2-7-15
電話 03-3260-6161　振替　00160-5-7625
http://www.kindaikagaku.co.jp

藤原印刷　　ISBN978-4-7649-0412-5

定価はカバーに表示してあります．